# SCM

## Stiftung Christliche Medien

SCM ist ein Imprint der SCM Verlagsgruppe,
die zur Stiftung Christliche Medien gehört, einer gemeinnützigen Stiftung,
die sich für die Förderung und Verbreitung christlicher Bücher,
Zeitschriften, Filme und Musik einsetzt.

© 2020 SCM Verlag in der SCM Verlagsgruppe GmbH
Max-Eyth-Straße 41 | 71088 Holzgerlingen
Internet: www.scm-verlag.de | E-Mail: info@scm-verlag.de

Soweit nicht anders angegeben, sind die Bibelverse folgender Ausgabe entnommen:
Neuen Leben. Die Bibel, © der deutschen Ausgabe 2002 und 2006
SCM R.Brockhaus in der SCM Verlagsgruppe GmbH Witten / Holzgerlingen.

Gesamtgestaltung: Christina Grube, Witten
Fotos: Andrea Otto; gettyimages.de/iStock/Getty Images Plus/humonia
Druck und Verarbeitung: Finidr s.r.o.
Gedruckt in Tschechien
ISBN 978-3-7893-9815-5
Bestell-Nr. 629.815

Andrea Otto

# Das ultimative Familien-Haushaltsbuch

So bekommen Sie den Familienalltag in den Griff

# Inhaltsverzeichnis

Das bisschen **Haushalt** macht sich von allein …

# Vorwort

Erst das Thema Wohnen und nun der Haushalt? In „Das ultimative Familienwohnbuch" habe ich Ihnen einen Einblick in meine Wohnung gegeben. Auf den Fotos im Buch blitzte und blinkte es und viele Leserinnen fragten sich und mich: Was macht die Frau eigentlich den ganzen Tag? Kochen, putzen, schrubben, nähen?

Vor Ihrem inneren Auge sahen Sie mich, als wäre ich einem Schwarz-Weiß-Schinken aus den Fünfzigerjahren entstiegen. Im Petticoat und mit Wasserwelle stehe ich am Herd und schaue meine Kinderschar mit geduldigem Lächeln auf den rot bemalten Lippen freundlich an. Wenn ich dann auch noch meinen Mann an der Haustür mit seinen Pantoffeln in der Hand begrüßte, dann wäre das Bild noch perfekter – und wir befänden uns wahrscheinlich im Traum meines Mannes.

Die Realität sieht so aus: Ich bin genau das Gegenteil von perfekt. Jeder, der mich näher kennt, weiß, dass ich extrem chaotisch und zerstreut bin. Hätte ich nicht über all die Jahre immer wieder das Wohnen, unseren Haushalt oder auch regelmäßige Fitness durch Systeme optimiert, wäre ich bei unserer Kinderzahl hilflos untergegangen. Sind Sie also nur halb so chaotisch wie ich, könnte dieses Buch Ihnen praktische Hilfe im Alltag bieten. Denn je mehr man zu Chaos und unorganisierten Zwischenfällen neigt, umso wichtiger sind ein ordentliches Zuhause und ein gut strukturierter Haushalt. Deshalb möchte ich Sie in diesem Buch mit in meinen Haushaltsalltag nehmen und Ihnen meine persönlichen Lösungen zeigen.

Sie erfahren, wie ich es schaffe, neben fünf Kindern und Pfarrhaushalt ein Buch zu schreiben. Und ich würde mich sehr freuen, wenn Sie am Ende durch den einen oder anderen Tipp einen neuen Blick auf Ihren Haushalt gewinnen.

Ihre

Andrea Otto

# Die richtige Brille aufsetzen

Der Haushalt ist genauso wie das Muttersein ein sehr sensibles Thema. Er ist negativ belastet. An den Herd wird man gekettet, man versklavt sich für die Kinder, wird Gebärmaschine und Hausmuttchen. „Spießig" lautet die Bezeichnung, die mir selbst dabei durch den Kopf schießt. Von allen Seiten wird Frau von Bildern und Meinungen dazu bewegt, sich von der Rolle der Hausfrau und Mutter zu befreien und das zu sein, was sie dann wirklich ist.

Geprägt von vielen Disneyprinzessinnen, die sich gegen ihr Schicksal aufbäumen und ihren eigenen heroischen Weg gehen, fühlte ich mich in jungen Jahren sehr von Pocahontas inspiriert. So singt sie: „... einen hübschen Mann mir nehmen, der ein hübsches Haus mir baut und niemals träumt, dass Großes wird geschehen ...?" Heiraten, Nestbauen, Kinderkriegen – was ist schon Spannendes davon zu erwarten?

Meine perfekte Zukunftsvision sah damals kinderlos aus, um beruflich in einem schicken Anzug durch die Welt jetten zu können. Ich hatte ja keine Ahnung ...

Das Kinderkriegen ist schon rein biologisch mit uns Frauen verknüpft und somit auch ihre Versorgung. Dieses Thema fordert eine Menge Entscheidungen von uns: Will ich? Kann ich? Wenn ja, wie viele Kinder? Wie sehen die äußeren Umstände aus? Und was denken die anderen dann eigentlich?

Die Liste mit Fragen ist lang und emotional. Bis wir an dem Punkt angekommen sind, an dem wir ein Kind im Arm halten, sind wir mit einer Vielzahl von Entscheidungen konfrontiert worden. Und manche davon sind sehr schmerzhaft. Deshalb ist Familie – und mit Familie ist der anfallende Haushalt untrennbar verbunden – immer ein Thema, das uns Frauen nicht kaltlassen kann. Je größer die Familie, desto mehr wird die Hausarbeit.

In vielen ländlichen Regionen platzierte man früher den Misthaufen direkt vor der Haustür. Jeder, der kam, musste daran vorbeigehen. Diese stinkige Masse war damals ein Statussymbol. Denn so viel Mist konnte nur von viel Vieh produziert werden und war ein Indiz für den Reichtum des Hofes. Sosehr wir also über eine große Haushaltslast stöhnen, so sehr kann die viele Arbeit ein Indiz für ein trubeliges und alles andere als langweiliges Familienleben sein.

Was ist, wenn ich mich bei der Familienfrage falsch entschieden habe? Hätte mein Leben anders oder besser verlaufen können?

Wenn eine Frau vor uns steht, deren Lebensentwurf anders aussieht als unserer, beginnen wir uns stark zu spiegeln. Wir setzen dann unsere persönliche Emanzipationsbrille auf oder die Brille der religiösen und sozialen Werte, vielleicht auch die Brille der Missgunst und fühlen uns häufig nur durch den Lebenswandel der anderen emotional berührt oder sogar provoziert.

Ich brauche häufig nur die Zahl meiner Kinder zu nennen und die Frau gegenüber sagt: Ich habe NUR zwei Kinder. Dieses NUR ist ein direktes Spiegeln. Je mehr Kinder ich bekam, umso mehr rechtfertigten sich andere Mütter gegenüber meinem schwangeren Bauch, warum sie nicht

noch ein Kind bekämen, und zählten mir im Detail ihre Begründungsliste auf. Es gab sogar Mütter, die geradezu darauf warteten, dass mir irgendwo die Puste ausging, damit sich für sie bestätigte, wie schlecht mir die große Kinderzahl bekam und wie gut ihre eigene Entscheidung war.

Doch mir geht es genauso und so stehe ich recht klein mit Hut vor der Mehrfach-Mutter, die ehrenamtlich an allen Ecken und Enden engagiert ist, und das, ohne sofort in den Seilen zu hängen. Dann frage ich mich, warum ich das nicht schaffe, und fühle mich dadurch angegriffen, obwohl ich einfach nur dankbar für ihr Engagement sein sollte. Welche Brille habe ich mir da aufgesetzt?

Dabei ist mein Lebensentwurf genauso eine Abfolge vieler Entscheidungen und äußerlicher Umstände. Viele waren gut und manche katastrophal schlecht. Was Gott jedoch aus allem gemacht hat, ist für mich und uns als Familie immer wieder großartig. Es gab so viele Lebenslagen, in denen ich mich fragte, wofür diese oder jene schlimme und anstrengende Situation nun gut sein sollte. Die Antwort kam fast immer viel später, aber mit einem großen Aha-Effekt.

Meine vielen Entscheidungen und Umstände führten dazu, dass ich heute nicht als erfolgreiche Business-Lady durch die Welt jette und im Designer-Penthouse einkehre. Das Leben nahm viele andere Abzweigungen und ich landete an folgendem Punkt:

Ich bin verheiratet mit einem Pastor, habe fünf Töchter und schreibe mein drittes Buch, in dem ich Ihnen einen recht persönlichen Einblick in mein Zuhause gebe. Nicht weil ich meinen Lebensentwurf für so großartig halte, dass alle Frauen der Welt ihn übernehmen sollten, sondern weil ich mit Dankbarkeit auf das schaue, was ich in den letzten Jahren in Gottes persönlicher Haushaltsschule lernen durfte. Und davon möchte ich Ihnen gern berichten. Ich wünsche mir, dass Sie sich in Ihrem Lebensentwurf an dieser oder jener Stelle abgeholt und nicht kritisiert, verstanden und nicht bevormundet, bestärkt und nicht irritiert fühlen. Und ich hoffe, dass Sie diesem Buch gegenüber eine liebevolle Brille aufsetzen in dem Wissen, dass ich aus meinen manchmal einseitigen Erfahrungen heraus schreibe und meine persönliche Testgruppe nur zwei Erwachsene und 5 Kinder umfasst.

Ich kann mich hier outen: Ich bin eine sehr emotionale und manchmal auch anstrengende Ehefrau eines tollen und manchmal auch anstrengenden Ehemanns. Ich bin eine liebevolle, motivierte und manchmal anstrengende und sehr erschöpfte Mutter von tollen und manchmal auch anstrengenden Kindern. Ich glaube, das könnte ein gemeinsamer Nenner zwischen Ihnen und mir sein und eine gute Basis für Sie, sich in diesem Buch zurechtzufinden.

# Das Basisprojekt

Wenn ich Lebenssituationen, Events, Wohnräume etc. auf das Wesentliche reduziere, gewinne ich neuen Überblick. Ich schaffe mir ein Grundgerüst, um Aufgaben klarer einschätzen zu können und mich nicht ständig überfordert zu fühlen. Das „Basisprojekt" hilft mir dabei, nicht wiederholt in Stresssituationen zu landen und dadurch den Überblick auf vielen Ebenen zu verlieren.

Um wirkliche **Veränderung** im Haushalt zu schaffen, ist es wichtig, seinen Kopf zu strukturieren.

# Zurück zum Wesentlichen

Das Konzept des „Basisprojekts" ist eine der wichtigsten Grundlagen, die ich in meinem privaten Leben, in Haushalt und Wohnen, Erziehung, Glaubensleben und vielen weiteren Bereichen geschaffen habe. Es begann im Wohnbereich. Doch dann stellte ich fest, dass sich dieses Konzept auf alle Bereiche des Lebens anwenden lässt.

Ich möchte das Konzept am Beispiel eines Autokaufs illustrieren.

Wenn wir ins Autohaus unseres Vertrauens gehen und ein Auto kaufen möchten, dann können wir uns mit dem Händler hinsetzen und sagen:

„Ich möchte von A nach B kommen und brauche einen fahrbaren Untersatz, geben Sie mir bitte das Basismodell, in dem x Personen Platz haben." Das Basismodell erfüllt seinen Zweck, es bringt uns von A nach B – nicht mehr und nicht weniger.

Auf diesem Basismodel können wir natürlich auch aufbauen und weitere Sonderausstattungen dazukaufen (mehr PS, Klimaanlage, Sportfahrwerk …) bis hin zum Designerstück unter den Autos, dem Supersondermodell. Doch jede Sonderausstattung kostet. Aufs Leben bezogen kosten sie nicht nur Geld, sondern Kraft und Zeit.

## Das Basisprojekt bei Wohnräumen

Gehen Sie in Ihr Wohnzimmer und entfernen Sie (gedanklich) alles, was für die Funktion des Raumes nicht nötig ist. Lassen Sie nur die Basis stehen. Im Wohnzimmer wäre das beispielsweise ein Raum mit Bodenbelag, Gardinen für die Privatsphäre und einer Sitzgruppe – Sie wollen im Wohnzimmer ja wohnen und sich als Familie zusammensetzen können.

Das wäre die aufs Minimum reduzierte Basis. Nun können Sie sich fragen, welche Sonderausstattung und Zusatzfunktionen Sie sich noch dazuholen möchten. Einen Fernseher vielleicht? Der kostet Zeit und Geld bei der Anschaffung. Er kostet Rundfunkgebühren und Zeit beim Abstauben. Er sorgt zwar für nette Familienabende und Zerstreuung, ist auch manchmal Babysitter, er nimmt aber auch produktive Arbeitszeit, qualitative Kommunikationszeit mit dem Ehepartner und den Kindern und kann bei der Aufarbeitung viel Zeit kosten, wenn die Kinder Dinge sehen, die ihnen Angst machen.

Keine Sorge, wir haben auch einen Fernseher. Ich möchte hier nur die Gedankengänge schildern, mit denen man sein Basismodel von den Grundmauern her aufbaut.

Brumm Brumm

BRRRUMMM

Nun gehen wir noch einen Schritt weiter. Wie viel Deko braucht das Wohnzimmer?

Deko-Elemente sind Dinge, die nicht notwendig sind, aber maßgeblich zur Gemütlichkeit und einem behaglichen Wohngefühl beitragen und Ihrer Wohnung ihren ganz persönlichen Charakter verleihen. An dieser Stelle können Sie direkt praktisch anfangen. Nehmen Sie eine Kiste und entfernen Sie aus einem Raum sämtliche Deko. Nun stellen Sie Schritt für Schritt Deko-Elemente zurück und schauen, mit wie wenig Deko Sie dem Zimmer genau die Gemütlichkeit und persönliche Note verleihen können, die Ihnen wichtig ist. Je weniger, desto einfacher auf längere Sicht.

Sie werden mit der geringstmöglichen Dekomenge weniger Zeit zum Sauberhalten brauchen. Sie gewinnen optische Ruhe und können sich in einem Raum besser konzentrieren. Denn häufig ist es nicht nur Geld, das wir für Deko bezahlen. Diese Form der Sonderausstattung kostet auch Zeit bei der Pflege, beim Bücken und Zur-Seite-Schieben und durch Konzentrationsverlust aufgrund von Reizüberflutung. „Das sind doch alles nur ein paar Sekunden, um die es hier geht", denken Sie jetzt vielleicht. Sekunden summieren sich jedoch zu Minuten, Stunden, Tagen und vielleicht sogar zu Jahren.

Beim Basisprojekt legen Sie fest, welche Minimalanforderung etwas erfüllen muss, damit es seinen Zweck erfüllt, und wie viel Zeit, Geld oder Nerven Sie diese Grundausstattung kostet. Erst wenn dann noch Ressourcen zur Verfügung stehen, denken Sie über „Zusatzfunktionen und Deko" nach.

Zurück zum Basismodell. Wir neigen dazu, unser Leben, unsere Wohnräume, ein besonderes Event und selbst Beziehungen zu Menschen nicht als Basismodell zu planen, sondern wir träumen und planen in Gedanken von Anfang an die Luxusvariante mit Supersonderausstattung. Der Nachteil dieser Strategie ist der, dass wir grundsätzlich mit Enttäuschungen rechnen müssen. Es werden sich unweigerlich Situationen ergeben, in denen wir reduzieren und streichen müssen. Das kann schmerzhaft sein. Bei einem Basismodell realisiert man zuerst ein Grundgerüst und baut darauf auf, statt wegnehmen zu müssen. Das ist eine positive Herangehensweise.

Sei es also das nächste Gemeindefest, Weihnachten oder der Kindergeburtstag. Statt mit dem großen Brainstorming in der Gruppe oder in Ihrem eigenen Kopf sollten Sie mit diesen Fragen beginnen: Was ist unbedingt nötig, damit dieses Fest stattfinden kann? Was ist meine BASIS? Und habe ich die nötigen Mittel (das kann Geld, Zeit oder Platz sein), um diese Basis umzusetzen? Erst wenn die Basis gesichert ist und anschließend noch Mittel frei zur Verfügung stehen, lohnt es sich überhaupt, über Sonderausstattungen nachzudenken.

# Die Prioritätenrutsche

Wenn Sie das Basisprojekt auf Ihr Leben anwenden, geht es ans Eingemachte, denn Sie stellen sich den essenziellen Fragen. Das tun viele Menschen selten bis nie. Man lebt mit einem ungefähren moralischen Kompass in der Hoffnung, dass man alles schon irgendwie erfolgreich meistern wird. Man setzt sich ungefähre Ziele, und wenn man sie abhaken kann, dann nennt man sich selbst „erfolgreich". Doch was ist, wenn man diese Ziele nicht erreichen kann oder sich diese Ziele als nicht so schön wie erwartet entpuppen? Was, wenn einem im schlimmsten Falle erreichte Ziele wieder verloren gehen?

Was sind die Grundpfeiler meines Lebens? Woran mache ich ein gutes und glückliches Leben fest? Ist es mein Besitz, sind es die Beziehungen zu anderen Menschen, ist es berufliche Anerkennung oder die Weitergabe meiner Gene und Werte?

Die Frage nach den Prioritäten stellen wir uns meistens erst, wenn großer Leidensdruck entsteht, etwa beim Verlust von materiellen Gütern, Gesundheit, Ansehen oder eines lieben Menschen. Doch muss es immer erst so weit kommen? Können wir uns nicht auch in einem relativ normalen Zustand mit diesen Fragen auseinandersetzen?
Ich selbst bin immer wieder an einen Punkt gekommen, an dem ich das Gefühl hatte, dass Gott mich vom Boden aufkratzen durfte, weil ich mich trotz vieler Warnschilder mächtig verfahren hatte und das einfach nicht einsehen wollte. Ich musste lernen, meine Prioritäten zu sortieren. Und durch diesen Denkprozess entstand meine Prioritätenrutsche.

Was sind die Grundpfeiler meines Lebens? Wie definiere ich ein gutes und glückliches Leben?

# Die erste Prioritätensäule

Natürlich bin ich nicht eines Morgens aufgewacht und sagte mir: „Was ist mir eigentlich wichtig im Leben?" Auch ich habe über die Frage erst intensiv nachgedacht, als ich nicht mehr wusste, wo oben und unten ist. Wenn ein Punkt erreicht ist, an dem man feststellt: „So wie mein Leben gerade ist, mag ich es nicht!", ist vorher schon viel passiert. Man steckt tief in einem ungewollten Trott, und es ist sehr schwer, überhaupt herauszufinden, an welcher Stelle einem der Alltag entglitten ist. Meistens liegt das Problem auf mehreren Ebenen gleichzeitig: Beziehungen, in denen es knirscht, Arbeitslasten, die einen überfordern, Ideale, denen man nicht gerecht wird, finanzielle Lasten … Und das Glaubensleben steckt irgendwo fest zwischen dem kurzen Tischgebet, einem Gottesdienst, bei dem man erschöpft in der Kirchenbank einschläft, und dem Wunsch nach Stiller Zeit.

Ich griff den Gedanken des Basisprojekts auf und fragte mich, was ich alles abstreifen könnte und welche die zentralen Prioritäten in meinem Leben sind. Was bleibt bestehen, wenn ich Dinge weglasse und nur noch übrig bleibt, was mir wirklich wichtig ist?

Eines Sonntags im Gottesdienst las ich die vierte und selten gesungene Strophe des berühmten Luther-Liedes „Ein feste Burg ist unser Gott":

**Das Wort sie sollen lassen stahn**
**und kein' Dank dazu haben;**
**er ist bei uns wohl auf dem Plan**
**mit seinem Geist und Gaben.**
**Nehmen sie den Leib,**
**Gut, Ehr, Kind und Weib:**
**Lass fahren dahin,**
**sie haben's kein' Gewinn,**
**das Reich muss uns doch bleiben.**

Altes Lied, alte Sprache, alte Worte, die manchmal erschrecken. Ich musste etwas schlucken, als ich den Text las. Hier ist jedoch nicht gemeint, dass Besitz, Ehe und Familie nichts wert sein sollen. Es geht um die Vergänglichkeit der Dinge, darunter fallen auch der eigene Leib und das Leben. Und es geht um die Frage, was immer Bestand hat, selbst wenn alle Dinge und Menschen nicht mehr da sind.

Diese Fragen stellte ich mir auch: Was ist, wenn man keine Kinder bekommen kann? Oder wenn der Kontakt aufgrund von Konflikten abbricht oder Kinder sterben? Was ist, wenn ich keinen Ehepartner finde, die Ehe zerbricht oder der Partner stirbt? Was ist, wenn wir in Armut leben, der berufliche Erfolg ausbleibt oder mir wieder entgleitet? Was bleibt mir dann noch?

Gott.

Du hast alles in mir geschaffen und hast mich im Leib meiner Mutter geformt. Ich danke dir, dass du mich so herrlich und ausgezeichnet gemacht hast! Wunderbar sind deine Werke, das weiß ich wohl.

Psalm 139,13.14

Gott war da, als ich nicht mehr als ein Zellhaufen war, und er hatte schon da einen Plan mit mir.
Und Gott wird noch da sein, wenn ich sterbe.

Das ist meine Reiseroute. Sie beginnt mit Gott und das Ziel ist seine herrliche Ewigkeit. Simple as that! A und O, Anfang und Ende.
Darin habe ich meine erste Priorität gefunden: die Beziehung zu Gott.
Mit den Gedanken des Basisprojekts ausgedrückt: Die absolute Basis bilden nur er und ich. Alle weiteren Bezie-

hungen, Ehe, Kinder, Gemeinde, Freunde, seien hier erst einmal zur Seite geschoben. Sie profitieren später davon, dass mein Beziehungstank auf dieser Basis-Ebene von Gott gefüllt wird. Wenn dieser Tank überschwappt in alle weiteren Beziehungen zu den „Wegbegleitern" und Projekten, die mir auf diesem Reiseweg begegnen, dann profitieren sie genau davon, dass ich meine Basis hege und pflege.

## Die erste Priorität praktisch

Wie fülle ich meinen Beziehungstank auf dieser Ebene? Ich reserviere täglich Zeit dafür. Ich beginne meine Tage mit Gott im Gebet und mit Andacht und beende sie auf die gleiche Weise. Dadurch gebe ich meinem Tag einen Rahmen und stelle ihn unter Gottes Führung. Ich kann viele Sorgen abgeben und mir meinen Alltag schon dadurch vereinfachen, dass ich auf Gott vertrauen kann. Denn ich bin schlichtweg oft nicht „Herr der Lage!", aber dafür ist er es immer.

Diese Beziehung lebt vom Reden – im Gebet –, aber noch stärker vom Zuhören, z. B. durch das Lesen in Gottes Wort, der Bibel. Für dieses Zuhören brauchen Sie Ruhe. Und da Sie sich an dieser Stelle des Buches bestimmt fragen, was das mit Ihrem Haushalt zu tun hat: Es braucht ein gutes Zeitmanagement und einen wohlorganisierten Haushalt, um genau diese Ruhe zu finden. Ein täglicher Termin im Kalender mit Gott – das klingt nicht sehr weltbewegend, aber wenn Sie als Erstes Ihren Alltag so ändern, dass Sie wie selbstverständlich Zeit mit Gott einplanen, wird sich Ihr Leben revolutionsartig verändern. Zu Beginn nur schleichend, aber mit nachhaltigen Auswirkungen auf alle weiteren Prioritäten in Ihrem Leben.

## Was Wäschewaschen mit meiner Seele und der ersten Priorität zu tun hat

Lassen Sie uns noch praktischer werden an einem Beispiel, das diesem wunderbaren Recyclingprozess meiner Seele vielleicht kaum gerecht wird, aber aus dem Mutterleben gegriffen ist.

Das Waschen schmutziger Wäsche ist nicht unbedingt mein Lieblingsjob. So ziehe ich meinem Kind das gute weiße T-Shirt an, in dem Wissen, dass es nicht allzu lange sauber bleiben wird. Ich weise natürlich darauf hin, dass das Kind mit Vorsicht durch den Tag gehen soll, und trotzdem ist bei der ersten Mahlzeit ein riesengroßer Fleck unvermeidlich. Eine kurze Diskussion folgt und mein Wäscheberg wächst. Dieses Prozedere wiederholt sich beim nächsten Tragen wieder und ich habe das Gefühl, dass das gute T-Shirt ein Fleckenmagnet ist. Spätestens beim nächsten Mal resigniere ich und sage: „Dann läufst du jetzt halt den Tag mit fleckigem T-Shirt durch die Gegend. Es ist eh schon ganz verwaschen, dann kommt es danach halt in die Kleidersammlung. Ich habe genug von diesem T-Shirt."

Gott entlässt uns mit einem blütenweißen Hemd in das Abenteuer Leben. Er gibt uns die Bibel und Gebote zum Schutz dieser Kleidung mit auf den Weg. Doch bei der erstbesten Gelegenheit beschmutzen wir es. Er könnte jetzt sagen: „Selbst schuld! Wasch deine eigene Wäsche." Aber das tut er nicht. Er schickt seinen Sohn auf die Erde, der gibt uns sein blütenweißes Hemd und zieht unser schmuddeliges an, damit wir immer wieder gut vor Gott dastehen.

Das ist ein Recyclingprozess, an dem ich als Christ teilhaben darf. Denn ich werde an keinem Tag mir selbst, meinem Ehepartner und meinen Kindern vollständig gerecht. Genau diese Fehlerhaftigkeit darf ich bei Jesus ab-

laden. Ich lebe aus der Vergebung. Das trägt mich durch den Alltag des Erziehungs- und Ehedschungels, mit all seinen Freuden und schönen Momenten, aber auch mit meinen vielen Fehlentscheidungen.

## Wer dient hier wem

Als Mutter hat man häufig das Gefühl, in einer dienenden Rolle zu sein. Bei Gott stellt sich die Frage: Wer dient wem? Gott dient mir, damit ich die Kraft habe, ihm zu dienen, indem ich anderen diene. Ich habe Gaben bekommen; die können materieller Art sein oder es kann sich um Begabungen, Tugenden und körperliche Kräfte handeln. Gott gibt grundsätzlich mehr, als wir selbst brauchen, damit wir anderen, die diese Dinge nicht haben, etwas abgeben können. Aber er zwingt uns nicht dazu, wir dürfen frei darüber verwalten.

*Stellen Sie sich vor, Sie sind eine Putzkraft. Ihr Chef ordert Sie zu sich und verspricht Ihnen einen horrenden Lohn dafür, dass Sie bei sich selbst putzen. In Ihrer Freizeit können Sie dafür anderen Menschen Ihrer Wahl, die selbst nicht mehr putzen können, noch ein wenig im Haushalt helfen. Er bestimmt nicht, wie viel, wie oder wann Sie helfen. Das liegt ganz in Ihrem Ermessen. Dieses Angebot macht er jeder Putzkraft in seinem Betrieb, ohne zurechtzuweisen, wenn man die Putzstunden nur für sich selbst genutzt hat. Vielleicht ärgern wir uns manchmal, wenn die eigene Putzkraft nachlässt und keiner es für nötig hält, in seinen Freistunden bei uns zu helfen. Aber andere zu bewerten ist nicht unser Job. Wir können nur bei uns selbst schauen, wie viel Kapazität wir haben. Und wir können dankbar dafür sein, dass uns nie der Lohn gekündigt wird, selbst dann nicht, wenn unsere Kraft nicht weit reicht.*

Die Beziehung zu Gott ist durch unglaublich viel Freiheit geprägt. Die Freiheit färbt auf uns ab, wenn wir uns in diese Beziehung fallen lassen. Sie trägt uns durch unser Leben und trägt uns weiter bis ans Ziel: die Ewigkeit. Deswegen ist es meine erste Priorität, mich von Gott dankbar bedienen zu lassen und seine Führung in meinem Leben immer wieder wahrzunehmen. Aber jede Beziehung braucht eine tägliche Auffrischung.

Eine verzweifelte Ehefrau kommt zu ihrem Mann: „Du sagst mir nie, dass du mich liebst!"
Da antwortet der Mann: „Als wir geheiratet haben, habe ich dir gesagt, dass ich dich von ganzem Herzen liebe und bei dir sein werde, bis der Tod uns scheidet. Solange ich dir nicht sage, dass sich daran etwas geändert hat, kannst du dir sicher sein, dass ich dabei bleibe."
Das ist natürlich nicht sehr überzeugend für die Ehefrau. Eine Beziehung braucht die gegenseitige regelmäßige Bestätigung von Liebe, Zuneigung und Respekt.

Genauso ist es mit der Beziehung zu Gott. Um eine gesunde Glaubensbeziehung zu führen, müssen wir mit ihm im Gespräch bleiben und uns Zeit für ihn nehmen. Er spricht zu uns durch die Bibel, durch Predigt und Stille Zeit. Wir sprechen zu ihm durch das Gebet, in dem wir ganz ehrlich bitten, klagen, loben und danken dürfen. Es ist wichtig, immer wieder auch das Danken nicht zu vergessen, da es maßgeblich zu unserer eigenen Zufriedenheit beiträgt.

# Die zweite Prioritätensäule

## Die Beziehung zu mir selbst

Besonders als Mutter und als Christin, der Nächstenliebe wichtig ist, stellt sich keiner gerne auf der Prioritätenrutsche an die ersten Stellen. Eine anerzogene Form falscher Demut, aber auch biblische Interpretationen führen oft dazu, die eigenen Bedürfnisse übertrieben weit nach hinten zu stellen. Dann kommt es schnell dazu, dass eine Art Stau entsteht und eigene Bedürfnisse sich in einem unverhältnismäßigen Schwall oder in Form von schleichenden Süchten Bahn brechen. In gesundem Maß Raum für eigene Bedürfnisse zu schaffen, ist kein Egotrip, sondern schlicht lebensnotwendig. Uns selbst nehmen wir schließlich überall mit hin.

Ist Ihr eigener Tank nicht gefüllt, dann können Sie auch nichts weitergeben und nicht für andere da sein. Ein Auto ohne Benzin läuft nicht. Tanken wir das falsche, zerstört es sogar den Motor.

So heißt es: „Liebe deinen Nächsten WIE DICH SELBST." Wie können wir andere lieben, wenn wir uns selbst nicht lieben?

Betrachten wir also unser Leben mithilfe des Basisprojektes.

Selbstliebe bedeutet zunächst, eine gute Basis für die Grundbedürfnisse im Leben zu schaffen. Deshalb sind eine gesunde Ernährung, ausreichend Schlaf, Bewegung, Muskelaufbau und die Therapie von Krankheiten und Schmerzen wichtig.

Das allein ist die Zusammenfassung einer Lebensaufgabe und mag in der Theorie wohl jedem klar sein. Die praktische Umsetzung ist natürlich schwer. Schiebe ich jedoch ständig andere Dinge oder andere Personen in den Vordergrund, wird der Zustand des eigenen Allgemeinbefindens nur schlechter, und Sie können den Dingen und Personen, die Sie lieben, immer weniger gerecht werden. Sie befinden sich in einem Teufelskreislauf.

Im Laufe meines Lebens habe ich viele Tipps von lieben und weniger lieben Menschen sowie einigen Ärzten bekommen:

Achten Sie auf sich. Nehmen Sie sich Zeit für sich. Gehen Sie früher ins Bett. Machen Sie regelmäßig Sport. Lassen Sie einfach mal Arbeit liegen. Holen Sie sich Hilfe.

„Danke für die klugen Sprüche", dachte ich mir. Doch wie soll ich früher ins Bett gehen, wenn sich die Arbeit stapelt, wie soll ich Arbeit liegen lassen, wenn sie niemand für mich aufhebt und am nächsten Tag das Doppelte auf mich wartet? Wie soll ich Sport machen, wenn ich erschöpft bin? Und wie soll ich Hilfe annehmen, wenn keine Hilfe da ist?

Und doch muss ich zugeben, dass viele Grundbedürfnisse durch Reduktion (Basisprojekt) und mit etwas Kreativität in einem normalen Alltag umzusetzen sind – auch wenn wenig Hilfe oder wenig Geld und viel Arbeit da ist. Am wichtigsten ist, dass Sie es selbst wollen und es auf Ihrer Prioritätenliste oben stehen haben.

Was sind Ihre Grundbedürfnisse?

Diese Dinge sind wichtiger als ein neues Handy, die schicke Jacke, das Eigenheim und jegliche Art von Erfolgsträumen. Das ist Ihre Basis.

Doch auch Ihr Leben sollte über die Grundbedürfnisse hinausgehen. Es ist keine Schande, Freude am Leben zu haben und genießen zu können. Es gibt immer Menschen im Leben, denen es schlecht geht, die Hilfe brauchen. Dass wir nicht egoistisch durchs Leben ziehen, ohne links und rechts zu schauen, ist hoffentlich klar. Häufig müssen wir uns besonders als Mütter auch klarmachen, dass wir nicht über alles die Kontrolle behalten müssen und es nicht unser Job ist, die Welt zu retten. Das hat schon jemand anderes für uns getan: Jesus.

Zeit für mich ist aber wichtig, auch wenn sie mit jedem Kind immer weniger wird. Ich-Zeit sollte akribisch einge-plant werden und ist so dringend notwendig für unsere Seele wie das Zähneputzen für die Zähne. Sei es ein kur-zer Spaziergang, ein regelmäßiger Sportkurs, ein Chor-abend oder das Treffen mit einer guten Freundin. Das Und-oder-Prinzip ist hier wichtig. Als Single konnte ich alle diese Dinge tun UND obendrein noch Zeit für mich haben; heute muss ich mich entscheiden, ob ich eine Auf-gabe und Verantwortung übernehmen möchte ODER Zeit für mich habe. Seien Sie kritisch mit jeder weiteren Aufgabe, die Sie übernehmen, wenn Sie damit Ihre Ich-Zeit ersetzen müssen.

Sie können Ihren eigenen Tank nur füllen, wenn Sie Ihre Ich-Zeit, die über die Grundbedürfnisse hinausgeht, ge-nießen können. Haben Sie nämlich das „Loch des schlech-ten Gewissens" in Ihrem Tank, dann ist alles, was Sie für sich tun, nur kontraproduktiv. Dann raubt Ihnen jegliche Ich-Auszeit Energie und kostbare Zeit und schwächt Sie auf Dauer. Sie können Ihren Tank nur füllen, wenn Sie genießen können. Nicht genießen können ist leider ein Symptom von Erschöpfungssyndromen und Depressio-nen. Scheuen Sie sich nicht, sich an dieser Stelle Hilfe zu holen. Genießen können ist lebensnotwendig und gott-gewollt.

---

*Ihr Tank hat höchste Priorität und wird aus einem Zusammenspiel von unterschiedlichen Säulen gefüllt. Pflegen Sie Ihre persönliche Prioritätenrutsche, damit das Wasser auch in Ihrem Tank landet.*

---

Mir wurde einmal gesagt, dass das dauernde schlechte Gewissen im Kleingedruckten des MAMA-Vertrags steht. Das schlechte Gewissen ist manchmal ein Hinweis auf eine „Prioritätenschieflage" und sollte unbedingt von Ih-nen analysiert werden. Doch besonders in kurzen Aus-zeiten, die mit zunehmender Familiengröße leider immer kürzer werden, hat dieses schlechte Gewissen NICHTS zu suchen. Lassen Sie sich diese auch nicht von anderen Müttern schlechtreden mit Worten wie …

… „Ja, wenn ich Kinder hätte, die so gut einschlafen und mir abends den Freiraum geben würden, dann würde ich es vielleicht auch mal zum Chor schaffen."

… „Ja, wenn meine Eltern mit im Haus wohnen würden, dann könnten mein Mann und ich auch mal ins Kino."

… „Ja, wenn ich mehr Geld hätte, dann würde ich auch mal ein schönes Wellness-Wochenende machen."

Das nenne ich das „äußere schlechte Gewissen".

Es basiert meistens auf einer Unzufriedenheit und schlecht geordneten Prioritäten des Gegenübers und ist nicht Ihr Problem. Sie brauchen sich nicht zu rechtferti-gen.

Egal, welche Form von Auszeit Sie finden, genießen Sie diese.

Wenn ich Auszeiten wirklich pflege und sie mir wich-tig sind, dann findet sich eine Lösung. Egal, ob das Geld knapp ist, die Babysittermöglichkeiten dürftig sind oder die Kinder gerade in einer schwierigen Phase stecken. Werden Sie kreativ, schauen Sie nicht auf die Möglich-keiten, die andere Mütter haben, das raubt nur kreative Energie, Ihre eigenen Lösungen zu finden.

# Selbstfürsorge

Kreuzen Sie auf einer Skala von 1 bis 5 an, wie gut Ihre Bedürfnisse erfüllt sind, wenn Sie auf den letzten Monat zurückblicken.

Kopieren Sie diese Seite und lassen Sie diese auch von Ihrem Partner ausfüllen.

Planen Sie einen ruhigen Abend ein und nehmen Sie sich Zeit, um über die Gemeinsamkeiten und Unterschiede zu sprechen. Kein Bedürfnis ist falsch.

Schauen Sie, wie Sie sich bei unterschiedlichen Bedürfnissen annähern können.

|  | 1 | 2 | 3 | 4 | 5 |
|---|---|---|---|---|---|
| Schutz / Wärme / Sicherheit | ☐ | ☐ | ☐ | ☐ | ☐ |
| Schlaf / Ausruhen / Erholung / Ruhe | ☐ | ☐ | ☐ | ☐ | ☐ |
| Bewegung | ☐ | ☐ | ☐ | ☐ | ☐ |
| Sexualität | ☐ | ☐ | ☐ | ☐ | ☐ |
| Selbstständigkeit | ☐ | ☐ | ☐ | ☐ | ☐ |
| Selbstvertrauen | ☐ | ☐ | ☐ | ☐ | ☐ |
| Kreativität | ☐ | ☐ | ☐ | ☐ | ☐ |
| Ehrlichkeit / Echtheit / Authentizität | ☐ | ☐ | ☐ | ☐ | ☐ |
| Lernen / Wachsen / Entwicklung | ☐ | ☐ | ☐ | ☐ | ☐ |
| Beitragen / Wirksamkeit / Sinn | ☐ | ☐ | ☐ | ☐ | ☐ |
| Integrität (mit meinen Werten im Einklang) | ☐ | ☐ | ☐ | ☐ | ☐ |
| Liebe | ☐ | ☐ | ☐ | ☐ | ☐ |
| In der Mitte sein / in mir ruhen | ☐ | ☐ | ☐ | ☐ | ☐ |
| Zugehörigkeit (das bin ich / wie bin ich) | ☐ | ☐ | ☐ | ☐ | ☐ |
| Wertschätzung (für das, was ich tue) | ☐ | ☐ | ☐ | ☐ | ☐ |
| Unterstützung | ☐ | ☐ | ☐ | ☐ | ☐ |
| Vertrauen | ☐ | ☐ | ☐ | ☐ | ☐ |
| Intimität / Nähe / Zärtlichkeit | ☐ | ☐ | ☐ | ☐ | ☐ |
| Verstehen | ☐ | ☐ | ☐ | ☐ | ☐ |
| Begeisterung / Feiern | ☐ | ☐ | ☐ | ☐ | ☐ |
| Ordnung / Ritual | ☐ | ☐ | ☐ | ☐ | ☐ |
| Transzendenz / Spiritualität | ☐ | ☐ | ☐ | ☐ | ☐ |

Ein wunderbarer Text zum Thema
Selbstfürsorge und Selbstliebe:

## DIE SCHALE DER LIEBE

*Wenn du vernünftig bist, erweise dich als Schale
und nicht als Kanal,
der fast gleichzeitig empfängt und weitergibt,
während jene wartet, bis sie gefüllt ist.*

*Auf diese Weise gibt sie das, was bei ihr überfließt,
ohne eigenen Schaden weiter.
Lerne auch du, nur aus der Fülle auszugießen,
und habe nicht den Wunsch, freigiebiger zu sein als Gott.*

*Die Schale ahmt die Quelle nach.
Erst wenn sie mit Wasser gesättigt ist, strömt sie zum Fluss,
wird sie zur See. Du tue das Gleiche!
Zuerst anfüllen und dann ausgießen.
Die gütige und kluge Liebe ist gewohnt überzuströmen,
nicht auszuströmen.*

*Ich möchte nicht reich werden, wenn du dabei leer wirst.
Wenn du nämlich mit dir selbst schlecht umgehst,
wem bist du dann gut?
Wenn du kannst, hilf mir aus deiner Fülle,
wenn nicht, schone dich.*

(von Bernhard von Clairvaux)

# Die dritte Prioritätensäule

## Die Beziehung zwischen mir und meinem Mann

Ich schreibe hier aus meiner Perspektive als Ehefrau. Wenn Ihre Lebensumstände andere sind, werden auch die Prioritätensäulen in Ihrem Leben anders aussehen. Übernehmen Sie die Gedanken, die zu Ihnen passen, und finden Sie Ihren persönlichen Ansatz für die Punkte, die von Ihrem Alltag abweichen.

In meiner Rolle als Ehefrau konzentriere ich mich darauf, nicht die Kinder als Priorität vor meine „Ehesäule" zu schieben. Gerade in der anstrengenden Kleinkinderphase ist es die Partnerschaft, die stark zurückstecken muss, aus Zeit- und Kraftmangel. Doch auch hier lautet die Frage: Was ist, wenn die Kinder nicht mehr so präsent sind, weil sie flügge werden? Bis dahin gehen zwar viele Ehejahre ins Land, aber kann ich meine Beziehung, meine Ehe so lange auf die Ersatzbank schieben? Nein! Denn es heißt:

*„Deshalb wird ein Mann Vater und Mutter verlassen und sich an seine Frau binden und die beiden werden zu einer Einheit.' Dann sind sie nicht mehr zwei, sondern eins, und niemand darf sie trennen, denn Gott hat sie zusammengebracht."*
*Markus 10,7-9*

Wir werden zu einer Einheit in der Ehe. Das bedeutet nicht, dass man sich nun ein Gehirn, eine Persönlichkeit und alle Gaben teilt. Nein, man ergänzt sich in seiner Unterschiedlichkeit und wird im Miteinander zu einem besseren Ganzen. Im Idealfall! Mein Mann fragt mich oft spaßeshalber, was wohl aus mir ohne ihn, „das perfekte Korrektiv", geworden wäre … Und in sehr ernsten Momenten fragt er mich, was wohl aus ihm ohne mich geworden wäre.

Eine gute Ehe ist ein Ziel, auf das man täglich hinarbeiten kann, mal besser, mal schlechter. Denn hier kommt die erste Prioritätensäule ins Spiel. Diese Einheit ist einfach nicht perfekt und deshalb ist es gut, wenn man eine Ehe zu dritt führen kann und Gott als vermittelnde Partei in schwierigen Zeiten und als Schlichter und Tröster dabeihat. Denn besonders wenn es in der Ehe Streit und Unverständnis gibt, ist es wichtig, aus der Vergebung Gottes leben zu können, um auch dem Ehepartner und sich selbst Fehler besser verzeihen zu können.

Trotz aller Einheit ist wichtig, dass man sich selbst nicht als Individuum verliert. Häufig versucht man sich, seine Wünsche und Erwartungen, um der Harmonie willen dem Ehepartner anzupassen. Bei diesem Prozess verliert man sich in einer Art gespielter Rolle, die niemandem guttut. Nicht mir selbst und auch nicht dem Ehepartner. Deswegen ist es wichtig, sich gegenseitig Freiräume zu lassen, Freundschaften, Interessen und Hobbys auch separat voneinander pflegen zu können.

## Tipps

Dieses Thema füllt ganze Bücherregale und ich bin sicherlich keine Spezialistin. Deshalb in aller Kürze nur ein paar Gedankenanstöße:

● Seien Sie als Ehepaar eine sichtbare Einheit für Ihre Kinder.
● Lassen Sie das Ihre Kinder spüren, indem Sie Streit vor ihnen vermeiden. Wenn es aber passiert, sollte der Entschuldigungs- und Vergebungsprozess genauso öffentlich sein wie der Konflikt zuvor. Übrigens sind ein leise schwelender Streit oder komplette Sprachlosigkeit genauso beängstigend für Kinder wie laute Worte.

- Lassen Sie Ihre Kinder nicht zwischen sich kommen und lassen Sie sich von Ihren Kindern nicht gegeneinander ausspielen. Ziehen Sie jedoch auch nicht Kinder auf Ihre Seite, um den Partner unter Druck zu setzen.
- Sind Sie mit Ihrem Ehepartner nicht einer Meinung in Erziehungsfragen, klären Sie es wenn möglich zu zweit, nicht vor den Kindern.
- Machen Sie Ihren Partner vor den Kindern nicht schlecht oder lächerlich. Behandeln Sie Ihren Partner vor den Kindern respekt- und liebevoll.
- Loben Sie ihn und zeigen Sie ruhig ein paar Momente der Zärtlichkeit vor den Kindern.
- Kommt Ihr Ehepartner nach Hause, können Sie sich zuerst begrüßen und dann erst die Kinder.
- Setzen Sie sich vielleicht am Tisch oder in der Kirchenbank nebeneinander. Halten Sie beim Spazierengehen Händchen. Das hat eine beruhigende Symbolik für Ihre Kinder: „Mein Überleben ist gesichert, meine Basis stimmt. Mama und Papa sind eine Einheit."
- Eine bewährte Sache ist auch, sich Auszeiten im Alltag zu gönnen. Setzen Sie sich sichtbar für die Kinder hin und haben Sie 10 Minuten ungestörte Elternzeit. Es ist gut für Kinder, wenn sie lernen, dass sie nicht das Zentrum Ihres Universums sind. Sie lernen, dass die Eltern auch Individuen sind, die Zeit für sich haben und eine Einheit bilden, von der sie ein Teil sind, an der sie aber nicht immer teilhaben können.
- Gönnen Sie sich schon früh regelmäßig Abende oder ein verlängertes Wochenende, an dem Sie als Ehepaar alleine sind. Ist das in der Kleinkindphase schwierig, schauen Sie mal nach Eheseminaren mit Kinderbetreuung. Es ist wichtig, dass Sie sich immer wieder als Paar definieren und Veränderungen im Leben gemeinsam bewältigen, sonst verändert man sich separat und driftet dabei in unterschiedliche Richtungen.
- Die Pflege Ihrer intimen Beziehung ist auch unglaublich wichtig. Sie ändert sich ebenfalls mit den Ehejahren und kann nur wachsen, wenn Sie gemeinsam an ihr arbeiten und diese ernst nehmen. Sie ist ein wundervolles Geschenk Gottes und Sie sollten auch hier mündige Partner auf Augenhöhe sein.

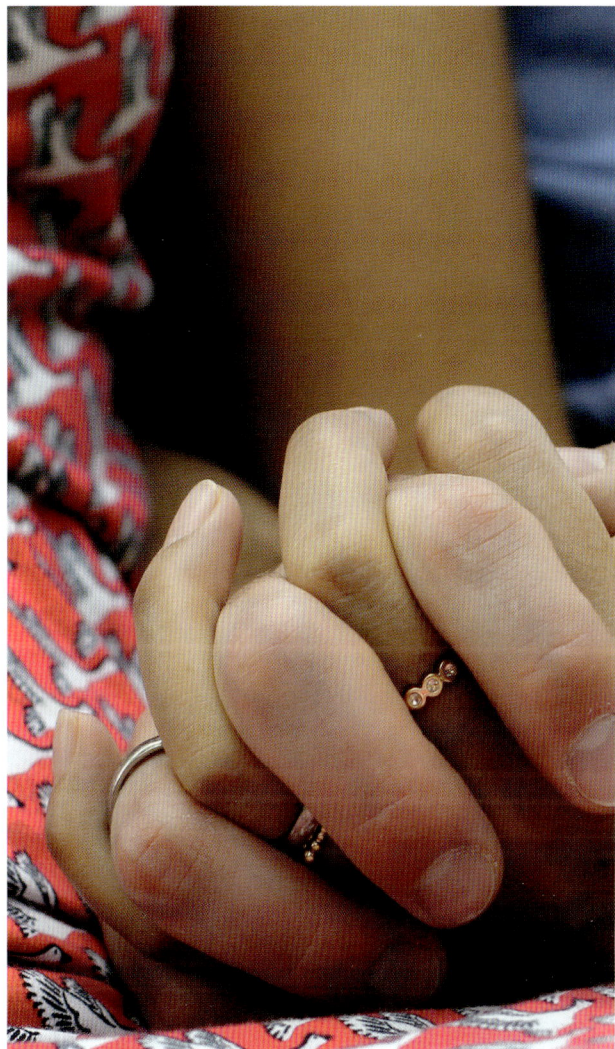

Teilen Sie Ihren Glauben als erste Priorität, so kann diese Beziehung ein unglaublicher Segen für Sie, Ihre Kinder und andere im Glaubensleben sein. Ein geteilter Glaube verbindet nicht nur, er kann zu einem regelrechten Turbobooster werden, wenn Sie unabhängig voneinander im Rahmen Ihrer ersten Priorität Kraft schöpfen und diese von zwei Seiten aus mit in Ihre Ehe fließen lassen.

# Die vierte Prioritätensäule

## Die Beziehung zwischen mir und meinen Kindern

In dem Moment, in dem Kinder unsere Familie vergrößern, ändert sich unser Leben gleichzeitig zum Positiven und zum Negativen. Wir werden empfindlicher und gereizter, aber auch sensibler für andere. Wir wachsen über unsere Kräfte hinaus, bringen uns aber auch weit über den Rand der Erschöpfung hinweg und fühlen uns völlig ausgelaugt. Wir werden kreativ in der Not und sind manchmal gelähmt im Alltäglichen. Wir werden von nicht enden wollender, fordernder Verantwortung erdrückt und von bedingungsloser Liebe in den siebten Himmel gehoben. Mit jedem Kind werden wir ein wenig klüger und demütiger. Es beginnt ein Leben der extremen Gegensätze, das alles Dagewesene auf den Kopf stellt und neu definiert.

Mit Kindern kommen ein oder mehrere Wesen daher, die Ihnen von Gott geschenkt wurden. Sie werden nach Ihrem Ehepartner die wichtigste Berufung. Eine Berufung kann einen sehr fordern und fürs Leben formen. Wir wachsen mit und an unseren Berufungen. Nicht, weil sie uns so leicht von der Hand gehen, sondern weil Gott sie genau auf unser Leben zugeschnitten hat, um im Geben auch empfangen zu dürfen. Eine Berufung ist nichts Einseitiges.

Wir haben gewisse Vorstellungen über das Muttersein und die Erziehung von Kindern. Selten berechnen wir dabei den Schlafmangel ein, die körperlichen Schmerzen, den Willen des Kindes oder die eigenen Grenzen. Und so stehen wir schon wenige Stunden nach der Entbindung und mit abklingenden Glückshormonen (wenn wir die überhaupt hatten) vor einem kleinen, schreienden Bündel und fragen uns die von nun an allgegenwärtige Frage: „Und wo bleibe ich bei dem Ganzen?"

Gerade die Erfahrungen mit dem ersten Kind sind geprägt von genau dieser Neudefinition der eigenen Rolle im Leben. Mit jedem weiteren Kind wird es einerseits etwas leichter, da wir uns selten an das zweite Kind trauen, wenn wir diesen Konflikt nicht ein wenig verarbeitet haben, und es wird gleichzeitig schwerer, da jedes weitere Kind mehr Zeit und Kraft beansprucht, die von Ihrer persönlichen Zeit abgezogen wird. Unser Leben fühlt sich in diesen unzufriedenen Momenten sehr fremdbestimmt an. Es prägt die Tiefen unserer Erziehungsmomente und dringt dann auch häufig in die Ehe ein. Die Frage ist, ob ich Mittel und Wege finde, der Frustration zu entfliehen, oder zuerst die Gründe dieser tiefen Unzufriedenheit aufkläre. Fliehen wäre eine symptomatische Lösung und würde in einen Kreislauf von noch mehr Unzufriedenheit münden.

## Was das Basisprojekt mit Kindererziehung zu tun hat

Woher bekommen wir die nötige Energie, um unsere Kinder zu erziehen? Werden wir von Liebe gesteuert oder von der Angst, etwas falsch zu machen?

Mit Liebe meine ich nicht, dass wir jetzt zu allem Ja und Amen sagen, was das Kind einfordert. Gerade wenn unser Kind in die Trotzphase kommt, wäre das fatal.

Kinder müssen lernen, Enttäuschungen zu verkraften, bevor sie auf den Rest der Menschheit losgelassen werden. Das Elternhaus ist ihre Schule. Nur stellt sich die Frage, wie weit wir mit Mitteln von Bestrafungen und Belohnungen in unserer Erziehungsarbeit kommen.

Konzentrieren wir uns hier wieder einmal auf das Basisprojekt:

Was braucht ein Kind? Liebe, Zeit und das tägliche Brot. Was ist mit dem täglichen Brot gemeint? Dazu möchte ich Luther zitieren:

„Alles, was zur Leibes Nahrung und Notdurft gehört, wie Essen, Trinken, Kleider, Schuh, Haus, Hof, Acker, Vieh, Geld, Gut, fromm Gemahl, fromme Kinder, fromm Gesinde, fromme und treue Oberherren, gut Regiment, gut Wetter, Friede, Gesundheit, Zucht, Ehre, gute Freunde, getreue Nachbarn und desgleichen."

Hier steht schon so einiges mehr als nur die Stulle auf dem Teller, aber nehmen Sie an dieser Stelle einfach mal die Brille der Supersonderausstattung ab und vergessen Sie mögliche Musikinstrumente, die Sie anschaffen müssen, die Playstation und die Sprachreise, die Sie Ihrem potenziellen Kind ermöglichen sollten.

---

**Ihr Kind möchte zuallererst wissen, dass es geliebt wird.**

---

Liebe ist eine Bezeichnung für starke Zuneigung, Verbundenheit und Wertschätzung. Genau dessen muss sich Ihr Kind immer wieder sicher sein. Um sich dieser Verbundenheit zu versichern, „verfolgt" Ihr Kind Sie manchmal. Auch Kinder haben einen Tank, der gefüllt sein muss, damit sie zufrieden sein können. Gerade in den ersten Jahren spüren Sie direkte Auswirkungen, wenn der Liebestank nicht voll ist. Werden die Kinder älter und irgendwie „einfacher", brauchen sie die regelmäßige Tankladung immer noch, sie bocken nur nicht mehr und schreien danach wie die Kleinen, sondern holen sich die dann von anderen – die Ihre Kinder dadurch aber auch negativ prägen können.

Kinder haben einen eigens angelegten Riesentank zum Thema Wertschätzung, der mit Lob, Lob, Lob gefüllt werden möchte. Kritik ist natürlich nötig. Ein „Kritik-Liter" entzieht jedoch drei „Annerkennungs-Liter" aus diesem Tank.

Ist also dieser Liebestank nicht genug gefüllt, fallen die Kinder in Extremhaltungen, als würden sie verdursten. Der Verdurstende verhält sich nicht logisch. „Schau mal, Mami muss jetzt noch kochen und gleich deine Schwester vom Kindergarten abholen, bitte lauf mir jetzt nicht immer zwischen den Beinen herum. Ich kann dir gerade kein Buch vorlesen." Wenn der Tank in der Vergangenheit gefüllt wurde, kann das Kind das eher verstehen und wendet sich einer vorgeschlagenen Lösung zu. Ist es aber durch ständige Zurückweisungen am „Verdursten", dann handelt es nicht logisch und wird keine Rücksicht auf Ihre Befindlichkeit nehmen können.

Wenn Sie es genervt abweisen nach dem Motto: „Es muss doch auch lernen, dass es unpassende Situationen gibt! Wenn ich hier den kleinen Finger gebe, dann nimmt es irgendwann die ganze Hand!", mit der ständigen Hintergrundfrage: „Wo bleibe ich dann bei dem Ganzen?", entsteht ein energieraubender Teufelskreislauf, den nur Sie als Hauptverantwortliche durchbrechen können. Hier reagiert man aus der Angst heraus, was alles Schlimmes daraus folgen kann, wenn man über einen längeren Zeitraum nachgibt und sich dem Kind in unpassenden Situationen zuwendet. Es dauert ein bisschen, und es ist eine zehrende Zeit, bis ein leerer Tank wieder gefüllt ist. Wenn sich dann das Verhalten wieder normalisiert, kann man durch Zuwendung in stetigen Dosen dafür sorgen, dass keine extremen Durststrecken mehr auftreten. Sollten diese aber gezwungenermaßen auftreten, können Sie selbst schon „Tankstopps" einplanen, um das Kind darauf vorzubereiten. (Es ist wichtig, dass Versprechen nicht gebrochen werden. Macht ein Kind diese Erfahrung, dann wird es in verdurstende Panik verfallen, weil es nicht weiß, ob der Tank wirklich gefüllt wird.)

Stecken Sie also gerade in diesem Teufelskreislauf, in dem Ihr Kind nach Anerkennung und Zuwendung lechzt, dann hilft nur ein extremes Nachgeben, bis der Tank wieder aufgefüllt ist und sich die Situation und das Kind normalisieren. Ein emotional verdurstendes Kind kann nicht nach rechts und links schauen, wenn es auf der Suche nach Liebeswasser ist; es verfällt in einen ichzentrierten Tunnelblick. Erst wenn dieser Notzustand behoben ist, kann es wieder sensibel für die Umgebung werden. Kinder sind sehr robuste Wesen, manche können mit langen Durststrecken klarkommen, bis sie anfangen, „um sich zu schlagen". Doch je länger diese Durststrecke ist, umso länger werden Sie brauchen, um den Tank zu füllen. Hier stehen Sie also vor einer Lebensaufgabe, die Sie aber nur schwer bis gar nicht erfüllen können, wenn Ihr eigener Tank leer ist.

> Noch wichtiger als ein sortierter Haushalt
> ist ein sortierter Gemütszustand.
> Sind wir stabil und kennen unsere Prioritäten,
> dann haben wir einen Navigationsplan durch
> unseren Alltag und diese Welt und haben
> so auch mehr Möglichkeiten, das Tempo
> selbst zu regulieren.

## Die Prioritätenrutsche praktisch

Auch bei dieser Priorität geht es nicht darum, unser ICH in der Mutterrolle aufzulösen. Die eigene Stabilität ist für diese schwere Aufgabe unglaublich wichtig.

Hierzu ein Beispiel: Im Falle eines starken Druckabfalls im Flugzeug fallen von der Decke gelbe Sauerstoffmasken zur Notversorgung, da die „dünne Luft" in der Reiseflughöhe nicht ausreicht und zu starken Gesundheitsschäden führen kann. Hierbei wird explizit darauf hingewiesen, dass Mütter nicht zuerst ihren Kindern diese Masken aufsetzen sollten, sondern zuerst sich selbst. Denn sollte sie bei dem Versuch, dem Kind die Maske aufzusetzen, bewusstlos werden, wäre das Risiko hoch, beide Leben zu verlieren. Die Mutter kann jedoch immer noch ihrem Kind die Maske aufsetzen, wenn sie selbst wieder zu Atem gekommen ist.

Dieses Bild ist ein schönes Beispiel für die Prioritätenrutsche. Ist unser eigener Liebestank durch die Liebe zu Gott und durch eine gut funktionierende Ehe gefüllt, dann können wir diese Liebe auch weitergeben. Sie fließt einfach über. Sind wir selbst leer und unzufrieden, dann verhalten wir uns ebenfalls wie Verdurstende. Wir stolpern kraftlos durch den Alltag und haben keine Energie mehr für jegliche Beziehungen, die Arbeit und den Haushalt.

In der Erziehung gibt es selten ein Schwarz oder Weiß. Wir stehen in einer Palette von Grautönen, die wir nur wirklich wahrnehmen können, wenn wir fokussiert sind und nicht wie Getriebene durch eine gehetzte Welt rennen. Auch an dieser Stelle kann ich sagen, dass ein sortierter Haushalt und ein gutes Zeitmanagement hilfreich für eine gute Erziehung sein können.

# Status quo!

Welche praktische Auswirkung die vier genannten Prioritätensäulen haben, können Sie selbst an sich testen. Dafür müssen Sie herausfinden, wo Sie in den wichtigen Beziehungen zu Gott, zum Partner, zu den Kindern und zu sich selbst gerade stehen.

Wenn wir uns ein Ziel setzen, müssen wir zunächst den aktuellen Standort bestimmen. Erst wenn man die eigene Position im Leben kennt, kann man anhand dieses Lageplans eine „Reiseroute" festlegen. Wo befinden Sie sich gerade im Leben? Das finden Sie am besten heraus, wenn Sie die eigene Zufriedenheit messen.

Nehmen Sie bitte JETZT einen Stift und ein Blatt Papier oder schreiben Sie in dieses Buch. Notieren Sie auf einer Skala von 1-10 (1 = überhaupt nicht zufrieden, 10 = sehr zufrieden), wo Sie sich in folgenden Bereichen Ihres Lebens sehen:

Glaube

Ich-Zeit

Ehe

Kinder

> Ich will dir
> Verständnis geben
> und den Weg weisen,
> den du gehen sollst.
> Ich will dich beraten –
> mein Auge ruht
> auf dir.
>
> Psalm 32,8

Bitte lesen Sie nicht weiter, sondern füllen Sie es erst aus. Nein, nicht weiterlesen, weil Sie gerade keinen Stift zur Hand haben. Dann schließen Sie dieses Buch lieber vorläufig.
Wenn Sie sich Ihr Ergebnis auf einen Zettel schreiben, können Sie den auch in einen Umschlag stecken und in den Nachttischschrank räumen. Aber erst ausfüllen!

Wir werden uns später wieder um diese 4 Bereiche kümmern.

# Stolpersteine

Sie haben nun herausgefunden, wie zufrieden Sie mit den vier großen Beziehungsbereichen (bzw. den Prioritätensäulen) in Ihrem Leben sind. Sie konnten überall 10 Zufriedenheitspunkte ankreuzen? Herzlichen Glückwunsch, damit sind Sie fast reif für den Persönlichkeits-Nobelpreis. Sie können direkt bis Seite 42 vorblättern.

Sie sind nicht immer hundertprozentig zufrieden? Dann geht es Ihnen wie mir und vermutlich 98 Prozent aller Frauen. Nun ist es wichtig, die Ursachen der Unzufriedenheit aufzudecken:

Während es Beziehungen, Situationen und Dinge gibt, die unser Leben förmlich zum Flutschen bringen, gibt es viele Stolpersteine, die uns den Weg versperren und uns blockieren. Manche laden wir uns sogar selbst auf und beschweren uns und unseren Alltag damit. Das sind die Energieräuber, die uns zu einer schlechteren Version unserer selbst machen oder uns einfach von unserem Ziel abhalten.

Ich umreiße hier nur kurz einige Stolpersteine, da sie Bücher und Therapiestunden füllen könnten. Erkennen Sie irgendeinen Stolperstein in Ihrem Leben, sollte Sie an der Stelle ruhig tiefer tauchen. Deshalb gebe ich Ihnen im Anhang Tipps zu Büchern, deren Autoren wesentlich bewanderter auf diesem Gebiet sind als ich.

## Neid / Vergleich / Schadenfreude

Vergleichen ist etwas Natürliches. Nur durch Vergleichen können wir uns selbst und unsere Position im Verhältnis zu anderen erkennen. Vergleiche können uns zu Höherem anspornen oder auch gegen Ungerechtigkeit aufbegehren lassen.

Doch es gibt auch den giftigen Vergleich. Den Neid. Der erste Mord der Menschheit wird von Kain aus Neid auf seinen Bruder begannen. Neid ist der Ursprung für viel Übel auf dieser Welt. Neid beginnt schon in früher Kindheit und ist eine Herausforderung für jede Mutter. Man kann auf alles neidisch sein. Auf materielle Dinge, auf Anerkennung, auf Beziehungen … Doch die Frage ist, wie man damit umgeht.

Man vergleicht beim Neid gerne nur nach oben. Das bedeutet, dass ich die Dinge sehe, die andere haben und ich nicht, während ich nicht sehe, was diese Menschen nicht haben oder dafür aufgeben mussten. Hinter Erfolg steckt nun mal harte Arbeit, und es wäre ungerecht gegenüber unserem Nächsten, wenn wir seine Leistung durch Neid herabwürdigen. Sich mit jemandem, den wir beneiden, über die Früchte seiner Leistungen zu freuen, ist sehr schwierig, aber ein Stück gelebter Nächstenliebe.

Manchmal schauen wir in unserem Neid auch nach unten und blicken mit Schadenfreude auf Menschen, die als erfolgreich gelten, und weiden uns an ihren Misserfolgen oder an Schicksalsschlägen, die diese ereilen. Dieses Spiel aus Neid und Schadenfreude vergiftet unsere Seele bis in die Tiefe und wird nicht nur der Beziehung zum Beneideten, sondern auch Ihnen auf Dauer schaden.

Neid braucht einen Nährboden aus bereits vorhandener Unzufriedenheit, um überhaupt in uns wachsen zu können. Ein geringes Selbstbewusstsein und daraus resultierende Unzufriedenheit wird alle Bereiche in Ihrem Leben untergraben und Sie nie Ihr volles Potenzial erreichen lassen.

Die beste Art, mit Neid umzugehen, ist Dankbarkeit. Wenn Sie sich in neidischen Momenten auf die schönen Dinge in Ihrem Leben konzentrieren, dann lenken Sie den Fokus vom beneideten Objekt auf etwas Positives in sich selbst.

Es ist wichtig, für die Dankbarkeit einen Adressaten zu haben. Natürlich gibt es auch unter Christen genug Neid, doch ich merke immer wieder, wie hilfreich es ist, dass wir unseren Dank direkt vor Gott bringen können und somit einen direkten Ansprechpartner haben.

Selbstmitleid und Neid sind Geschwister: Im Selbstmitleid bekommt unsere Unzufriedenheit mit uns selbst und unserer Umgebung eine Stimme. Diese Stimme jammert gern und erzählt Dinge wie: „Ich bin so arm dran, weil …"

Gehen Sie innerlich auf diese Klage ein, so nähren Sie diese Stimme und machen sie stärker. Und irgendwann glauben Sie ihr.
Wenn Sie sich in manchen Momenten dabei erwischen, dass Sie sich mächtig bemitleiden, dann nehmen Sie das einfach zur Kenntnis, aber reagieren Sie nicht darauf. Stellen Sie sich diese Stimme als bockiges Kind vor und nehmen Sie sie nicht so ernst – dann verstummt sie von selbst wieder.

# Noch mehr Stolpersteine

**Lähmung und Antriebslosigkeit** sind oft eine Folge von Überlastung und Überforderung. Wir können uns nur eine Zeit lang wie Getriebene durch diese Welt bewegen. Gehen wir den Ursachen unseres Getriebenseins nicht auf den Grund, sind wir irgendwann von dem Tempo (und sei es, dass unser eigener Ehrgeiz uns stetig antreibt) völlig überfordert. Als Reaktion darauf verfallen wir in Bewegungslosigkeit. In solchen Phasen bekommen „Stolpersteine" perfekte Bedingungen und werden zu mächtig in unserem Leben. Dadurch kann sich dann das Gefühl von Sinnlosigkeit gerade bei eintönigen Haushaltsaufgaben noch mehr verstärken.

Viele sind der Überzeugung, dass einem nur Disziplin aus dieser Lähmung heraushelfen kann. Doch ich habe schon im Studium die Erfahrung gemacht, dass Träumen viel eher aus der Lethargie heraushilft. Bei meiner Abschlussarbeit stand ich übermüdet und hochschwanger mehrfach davor, alles hinzuschmeißen. Damals begann ich damit, mir detailliert zu erträumen, wie es sich anfühlen wird, wenn alles vorüber ist und ich es geschafft habe. Dann habe ich mir nur einen konkreten Schritt herausgesucht, den ich anpacken konnte. Das klappte super. Der Traum beflügelte und mit dem einen Schritt trickste ich mich selbst aus, um einfach nur in Gang zu kommen. Hatte ich diese Hürde überwunden, machte ich selbstverständlich auch weiter.

Bei der Recherche für dieses Buch stieß ich auf Tiki Küstenmachers Prinzip vom Limbi. Es steht für das limbische System, das man auch als inneren Schweinehund kennt. Küstenmacher beschreibt sehr schön, wie man sein Limbi motivieren soll, statt den Schweinehund zu würgen. Seit ich das Buch gelesen habe, träume ich meinem kleinen wuscheligen Limbi den Traum vor, und dann merke ich, dass Limbi für mich diesen ersten Schritt aus der Lethargie heraus ganz fröhlich macht. Glauben Sie mir, ich musste mit Limbi sehr ins Gebet gehen, um dieses Buch zu schreiben.

**Angst, was andere über mich denken,** ist in einem geringen Selbstbewusstsein begründet. Gerade sehr selbstkritische Menschen leiden unter dieser Unsicherheit und schätzen das eigene Potenzial und die von Gott gegebenen Gaben extrem gering ein.

Ständiges **Rechtfertigen** resultiert aus dieser Unsicherheit, der Meinung anderer nicht standhalten zu können. Ein unglaublicher Energieräuber. Stecken Sie in Freundschaften, in denen Sie sich ständig rechtfertigen müssen, stimmt etwas nicht. Das ist ein Anzeichen dafür, dass es sich hier vielleicht um keine förderliche Freundschaft handelt.

**Falsche Freunde.** Wir kennen es noch aus unserer Jugendzeit, dass Eltern irgendjemanden für einen „schlechten Umgang" hielten. Steckt man in solchen schlechten Freundschaften, ist man oft selbst die Letzte, die es bemerkt. Häufig beginnt es mit ständigem Rechtfertigen dieser Freundschaften vor dem Ehepartner oder sogar den Kindern. Je mehr man aber eine Freundschaft verteidigen muss, umso schlechter kann man selbst eine gesunde Distanz dazu aufbauen. Hat man einmal jemanden verteidigt, beginnt ein Prozess, der sich selbst verstärkt. Würde man sich jetzt von dieser Person nach vielen Verteidigungen abwenden, stünde man vor sich selbst als Lügner da. So begibt man sich in einen Teufelskreislauf vom Schönreden einer giftigen Freundschaft. Es entsteht eine Abhängigkeit, aus der man nur schwer entfliehen kann. Auslöser von solchen falschen Freundschaften sind häufig Stolpersteine auf der eigenen und der „Gegenseite". So überträgt man Unzufriedenheiten aufeinander und zieht sich gegenseitig herunter. Es gibt Freundschaften, die uns Energie geben, uns positiv beeinflussen und uns auch im Glauben stärken. Und es gibt giftige Freundschaften, die uns von Gott entfernen und die schlechtesten Seiten in uns wachsen lassen.

Das kann das eigene Selbstbewusstsein schleichend sehr niederdrücken. Doch meistens hat diese „Freundschaft" überhaupt nur genug Nährboden, um sich so zu vertiefen und in eine Abhängigkeit zu geraten, wenn das eigene Selbstbewusstsein bereits angeschlagen ist. Das Beste ist, am Selbstbewusstsein zu arbeiten, doch das ist häufig nur aus der Distanz erfolgreich. So können Sie den anderen häufig nur noch im Gebet begleiten. Gute Freundschaften sind ein wichtiger Energielieferant, während falsche Freundschaften ein Energieräuber sind.

**Langeweile** führt dazu, dass wir uns auf Abwege begeben. König David ist ein Paradebeispiel. Während seine Männer im Krieg für ihn kämpfen, sitzt er gelangweilt zu Hause und vergnügt sich zum Schluss mit Batseba, der Frau seines untergebenen Feldherren. Um diese Sünde zu vertuschen, begeht David zum Schluss sogar einen Mord. Ich sage nicht, dass Langeweile automatisch zu Mord führen muss. Aber viele Frauen fühlen sich in ihrer Rolle als Mutter und Hausfrau unterfordert und gelangweilt. Die daraus resultierende Unzufriedenheit kann dann das ganze Denken und Handeln durchwuchern. Dadurch werden wir selbst zu einem Opfer unserer Langeweile und irgendwann auch andere. In diesem Fall ist es wichtig, eine „Spielwiese" zu suchen, die uns irgendwie fordert. Seien es ein Hobby oder berufliche Wege, die uns mit dem nötigen Input versorgen, aber wiederum nicht

zeitlich ausbrennen. Die perfekte Balance zu finden, ist eine Kunst, die ich selbst noch erlernen muss.

**Nicht verzeihen können** ist ein Stolperstein, den man aufhebt und in einen unsichtbaren Rucksack steckt. So trägt man ihn immer mit sich herum, um ihn bei passender Gelegenheit demjenigen an den Kopf werfen zu können, der einen verletzt hat. Wir belasten uns selbst damit und werden dadurch doppelt zum Opfer. Verzeihen lernen ist oft ein langwieriger Prozess, der eine unglaublich erleichternde Gabe Gottes sein kann. Der Spruch „Die Zeit heilt alle Wunden" trifft hier einfach nicht zu.

**Nicht aufgeben!**

**Verzeihen** ist ein Prozess, den man aktiv und mit viel Mühe selbst durchschreiten muss, um erfolgreich vergeben zu können. Schwierig wird es auch dann, wenn wir uns selbst nicht verzeihen können. Gerade als Mutter gibt es viele Situationen und Entscheidungen im Laufe der Kindererziehung, an denen frau sich noch jahrelang festbeißen und sie bereuen kann. Prügeln Sie Ihre Seele nicht mehr für vergangene Fehler. Dafür ist Christus am Kreuz gestorben, hier dürfen wir den Rucksack voller Fehltritte und Altlasten abgeben. Denn dieser Rucksack belastet nicht nur die Seele, sondern zeigt seine Auswirkungen am Körper und in der Produktivität und Schaffenskraft.

**Aufgeben** nach Rückschlägen ist keine Kunst.
Jeder von uns macht Fehler oder hat Misserfolg, und zwar täglich. Als Mutter steht es schon fast in der Jobbeschreibung, grobe Patzer zu machen. Wie viele Dinge im Leben beginnen wir und scheitern bei der Ausführung? Wenn wir die Tendenz haben, schnell aufzugeben, werden wir nie erfolgreich sein. Erfolgreiche Menschen sind nicht besonders kluge, schöne oder kreative Menschen, sondern meistens nur hartnäckig. Wir alle haben irgendwo eine besondere Gabe und könnten mit ihr erfolgreich sein. Das Wichtigste sind Mut und Beharrlichkeit. Die meisten erfolgreichen Persönlichkeiten hatten viele Rückschläge auf dem sogenannten Weg nach oben. Die Kunst lag darin, immer wieder aufzustehen, zu reflektieren und Dinge besser oder anders zu machen, um zum Schluss ein Ziel zu erreichen, das man zu Beginn vielleicht noch nicht einmal angepeilt hat. Wir stolpern alle durchs Leben, aber wir dürfen gewiss sein, dass wir immer jemanden hinter uns haben, der uns auffängt und stützt. Auch im Haushalt oder beim Sortieren unseres Seelenlebens werden wir nicht erfolgreich sein, wenn wir nicht mit einer gewissen Disziplin an einen holperigen Weg herangehen. Es gibt unglaublich viele Sprüche zum Thema Fleiß in der Bibel.

Der Herr, unser Gott, schaue freundlich auf uns und lasse unsere Arbeit gelingen. Ja, lass unsere Arbeit gelingen!

Psalm 90,17

**Hilfe nicht annehmen können.** Wir sind gerne der Herr in unserem Leben und haben die Kontrolle. Wenn wir um Hilfe bitten müssen, fühlen wir uns schwach. Sosehr uns Gott mit Gaben beschenkt, an irgendeiner Stelle sind wir auch immer eingeschränkt. Dafür hat jemand anderes genau dort eine Gabe, wo sich bei mir eine Lücke auftut. Das bewahrt mich einerseits davor, hochmütig zu werden, und schafft andererseits die Grundlage für ein ergänzendes Miteinander und für Gemeinschaft.

Auf dieses Miteinander kann man auch schon Kinder hinweisen. Wir wurden mit Absicht so unterschiedlich geschaffen, damit wir einander helfen können. Hilfe anzunehmen ist deswegen auch kein Zeichen von Schwäche, im Gegenteil. Wer seine eigenen Grenzen anerkennt, zeigt innerliche Stärke. Wir brauchen kein Bild der „perfekten Hausfrau" aufrechterhalten, denn das sind wir nicht. Irgendetwas im Haushalt werden wir sehr gut können und in einem anderen Bereich liegen wir katastrophal daneben. Das ist normal und betrifft nicht nur den Beruf der Hausfrau.

**Hochsensibiliät** ist Fluch und Segen gleichzeitig. Hochsensible nehmen Reize ihrer Umwelt viel stärker wahr als andere und können sich nur schwer davon abgrenzen. Das kann Sinneseindrücke genauso betreffen wie Emotionen. „Dünnhäutig" werden Hochsensible oft genannt und so fühlt sich das Ganze auch an. Man ist schutzlos. Hochsensible Mütter sind schnell reizüberflutet und überlastet und können auch sehr aufbrausend sein. Außerdem haben hochsensible Mütter auch oft hochsensible Kinder. Eine sehr herausfordernde Kombination. Doch der Segen liegt darin, dass Hochsensibilität mit viel Empathie einhergeht und sich hochsensible Mütter sehr gut in andere und auch in ihre Kinder hineinversetzen können. Sie haben hervorragende Antennen und nehmen mögliche Probleme schon früh wahr. Wenn sie lernen, sich abzugrenzen und innerlich zu zentrieren, können hochsensible Mütter zu einem Segen für ihre Familien werden. Nehmen Sie Ihre intensiven Gefühle und Ihre Intuition ernst und lernen Sie zu filtern, wo Sie vielleicht zu stark wahrnehmen und überinterpretieren und wie oft Sie auch richtigliegen. Dabei ist starke Selbstreflexion gefragt.

Was hat das
mit dem
Haushalt
zu tun?

# Was die Stolpersteine
# mit Ihrem Haushalt zu tun haben

Die Liste der Stolpersteine ist sicher nicht vollständig, aber sie gibt Ihnen einige Anhaltspunkte, wonach Sie in Ihrem Leben Ausschau halten sollten. Es ist wichtig, diese Energieräuber überhaupt erst einmal zu erkennen. Sonst können wir ihnen weder kritisch begegnen noch können wir sie umgehen oder aus unserem Leben entfernen.

Eines haben alle diese Stolpersteine gemeinsam: Sie lenken uns von unseren Prioritäten ab, greifen unser Selbstbewusstsein an und führen zu einer tiefen Unzufriedenheit. Mit diesen Stolpersteinen stellt sich meistens eine tiefe Unruhe ein. Die sollten Sie unbedingt beheben, bevor sie Ihr Leben und das Ihres näheren Umfeldes beeinträchtigt.

Sich diesen Stolpersteinen zu stellen, ist eine extrem schwierige Aufgabe, trägt aber zu einer inneren Sortierung und Stabilisierung bei, die uns stärker für die Anforderungen als Mutter, Ehefrau und Hausfrau machen. Setzen wir uns mit diesen Problemen auseinander (und sei es mit professioneller Hilfe) und reifen daran, so können wir aus einem getriebenen Zustand der Unzufriedenheit zu einer zufriedenen und in sich ruhenden Persönlichkeit reifen, die wohltuend für ihre Umgebung ist und leistungsfähiger wird.

Wenn ich müde vor gefühlten 10 kg zu schälenden Kartoffeln stehe, mein mir am Bein hängendes Kind riechbar zum gefühlt zwanzigsten Mal in die Windel gemacht hat und ich zum siebten Mal über liegen gebliebene Hausschuhe und Turnbeutel gestolpert bin, kann mich ganz plötzlich der Weltschmerz erfassen.

*„Bin ich nicht zu Höherem berufen, als 12 kg Kartoffeln (wird halt mehr, mit jedem selbstmitleidigen Gedanken) zu schälen? Wäre ich so reich wie meine Nachbarin, die eine Haushaltshilfe hat, wäre mein Leben viel schöner!!! Außerdem war mein Mann heute so herablassend. Warum sollte ich für solche undankbaren Leutchen eigentlich 14 kg Kartoffeln schälen? Es hängt doch sowieso alles nur an mir. Wenn ich hier mal alles stehen und liegen lasse, dann würde allen endlich klar werden, was ich hier leisten muss. Und seien es nur diese 16 kg Kartoffeln, die geschält werden müssen."*

Die selbstmitleidige innere Stimme beginnt jämmerlich zu weinen und das Limbi hat null Bock auf Kartoffelschälen. So können Stolpersteine ganz albern, aber alltagsnah unsere Effektivität beschneiden und uns am Ausschöpfen unserer Möglichkeiten hindern.

In solchen Momenten hilft es, sich über die innere Stimme einfach ein bisschen lustig zu machen und dem Limbi vorzuträumen, wie schön das Leben sein wird, wenn diese Kartoffeln geschält sind und im Topfe brodeln. Ich stelle mir konkret den Geruch und Geschmack der leckeren Kartoffeln vor, und um das Limbi zu belohnen, wird natürlich das Ergebnis auch vorgekostet. Zu guter Letzt schalten wir noch das giftige Vergleichen aus, indem wir mit Dankbarkeit darauf schauen, dass wir überhaupt Kartoffeln zu schälen haben und nicht hungern müssen.

Manchmal fühle ich mich im Gespräch mit mir selbst und meinem Limbi ein wenig schizophren. Doch humorvolle und kreative Lösungen sind besser, als dem Ehemann mit gepacktem Koffer und den Scheidungspapieren die Tür zu öffnen, um auf Weltreise zu gehen und vielleicht noch eine Karte vom Strand auf Bali zu schicken. Das alles nur wegen 2 kg Kartoffeln (hier bin ich dann wieder ehrlich)! Lohnt sich das? Och nö, sagt das Limbi und schält mir schnell die Kartoffeln, während die nörgelige innere Stimme geknebelt in der Ecke sitzt und „Spielverderber" denkt.

# Die Perfektionismus-Chaos-Schaukel

Wie ich schon erwähnte, kann Träumen zu einem starken inneren Antrieb werden. Genau dafür sind Träume nämlich da: Sie sollen uns anspornen – sie werden nicht eins zu eins in Erfüllung gehen.

Wir alle träumen von einer perfekten Version unseres Haushalts, unserer Ehe, unserer Kinder und natürlich auch von uns selbst. Wenn wir dann noch die perfekte Version von uns als Christ dazupacken, ist die Enttäuschung vorpro-

grammiert. Wir können diese Bilder nie, nie, nie erreichen. Da hilft Ihnen kein Ratgeber der Welt, auch nicht dieser. Denn das ist leider Teil des Sündenfalls und deshalb ist Jesus ja auch für uns den Kreuzestod gestorben. Wären wir perfekt, hätte er diesen Schritt nicht gehen müssen.

GNADE

VERGEBUNG

PERFEKTIONISTISCHE IDEALVORSTELLUNG

STATUS QUO

LÄHMENDES CHAOS

Doch die Frage ist, ob wir unserer chaotischen Seite deshalb frustriert das Feld überlassen wollen.

Wir müssen zunächst akzeptieren, dass es nicht nur die perfekte Version oder die chaotische Variante von uns gibt. Wir sind nie der eine oder der andere Extremfall. Wir schaukeln immer irgendwo dazwischen.

Träumen ist ein Ansporn, aus chaotischen Situationen herauszuschaukeln. Schaukeln Sie doch in Ihrer persönlichen Chaos-Schaukel über vielen Situationen Ihres Alltags und auch über Ihrer Prioritätenrutsche, um sich einen Überblick zu verschaffen. Damit Ihnen nicht schwindelig wird, setzen Sie den Fuß zwischendurch auf. Das ist dann ein realistischer Blick auf den Status quo. Mal ist er näher am Traum und mal näher am Chaos. Aber alles ist in Bewegung und beim nächsten Mal könnte Ihr Fuß schon wieder woanders stehen.

Alle Säulen Ihrer Prioritätenrutsche werden nie gleichzeitig perfekt gefüllt sein, da alle Säulen von Ihnen Energie und Selbstreflexion verlangen. Im Haushalt wird es nicht anders aussehen. Nicht alle Bereiche werden gleichzeitig gut funktionieren. Meine Vorschläge sind häufig eine Traumvariante, die als Ansporn dienen sollen, aber nicht in der Perfektion erreicht werden müssen.

Ein Beispiel: Bei fünf Kindern rutscht oft mal ein Kind durch das Raster der Aufmerksamkeit und zeigt Zeichen der Vernachlässigung. Da kneift es dann hier in der Schule, dort im Freundeskreis und bei den Geschwistern und zu Hause wird ordentlich ausgeteilt. Diese Kinder holen sich dann recht intensiv ihre Aufmerksamkeit. Habe ich dort nun endlich den Tank aufgefüllt, ist es eine simple Rechnung, dass irgendwo anders ein Kind nicht genügend Aufmerksamkeit erhalten hat. Nun klopft also das nächste Kind an, und hat man das durch ein Tief geführt, klopft das nächste an … So kann es passieren, dass in diesen Zeiten die Ehesäule nicht auf dem Höchststand ist.

Zu Beginn meiner Mutterkarriere war ich sehr frustriert, nicht allen gerecht werden zu können. Ich hatte das perfekte Traumbild der Mutter vor Augen, die alle Beziehungen unter einen Hut brachte und nebenbei auch noch eine tolle Freundin ist und am laufenden Band Bestseller schreibt.
An dieser Stelle habe ich dann auch mal meinen Fuß auf den Boden der Tatsache gestellt und erkannt, dass ich nur ein Mensch mit einem gewissen Maß an Zeit, Geduld und Kraft bin.
Es gibt Zeiten, in denen ich mehr am Zeitmanagement und der Logistik arbeite, und Zeiten wie den Ferien, wo ich den Fokus stärker auf den Geschwisterzusammenhalt lege oder mich den Aufräumsystemen widme.

Wenn Sie also die Haushaltstipps der folgenden Seiten beherzigen und beispielsweise kräftig aussortieren, dann leidet die Ordnung darunter, und es bleibt keine Zeit für kulinarisch ausgefeilte 6-Gänge-Menüs.
Wenn Sie sich selbst stark reflektieren und an Ihren Stolpersteinen arbeiten, wird das Energie ziehen. Dann bleibt Ihnen kaum genügend Kraft, um den nächsten Adventsbasar in der Kirche zu managen, während Sie an Ihrer Doktorarbeit schreiben.

Schaukeln Sie über Ihren Projekten immer wieder hin und her, um Ihre aktuelle Position zwischen irdischem Chaos und traumhafter Perfektion zu analysieren und zu schauen, ob Sie sich wohl oder unwohl im Status quo fühlen.
Sehen Sie die Fülle der Ratschläge als Traumvorstellung, um sich aus chaotischen Bereichen Schritt für Schritt herauszubewegen. Sind Sie zufrieden, dann schieben Sie meine manchmal perfektionistischen Ideen beiseite und wenden sich einem neuen Bereich zu.

Ich stelle mir immer vor, dass die Schaukel an zwei Haken hängt: dem Haken der Gnade und dem Haken der Vergebung. Nur so kann man realistisch auf sein wahres Ich in der Spannung zwischen Idealvorstellung und deprimierenden Rückschlägen schauen.

# Ach du liebe Zeit

## Vom Zeitmanagement

Warum sollten wir unsere Zeit überhaupt bedacht und vorausplanend gestalten? Was haben wir davon? Geht es nicht mit Spontaneität genauso gut?

Ich glaube, die wichtigere Frage ist, was passiert, wenn wir nicht planen.

**1** Bei schlechter Zeitplanung bekommen Notlagen die größte Aufmerksamkeit und Ihre persönlichen Prioritäten bleiben schnell auf der Strecke. Sie sind nur noch mit dem Jonglieren dringender Problemfälle beschäftigt. Es ist nur eine Frage der Zeit, wann Sie den Überblick über das verlieren, was wichtig und unwichtig ist. Sie geraten in einen Strudel aus fremdbestimmten Prioritäten, auf die Sie nur noch reagieren können, statt proaktiv Ihren eigenen Prioritäten Zeit einzuräumen.

**2** Ein schlechtes Zeitmanagement fördert eigene schlechte Seiten. Da wir Zeit nicht mehr gut einschätzen können, verbringen wir unverhältnismäßig viel Zeit damit, unsere Schwächen auszugleichen. Wir vernachlässigen unsere Begabungen und konzentrieren uns mehr auf Fehler und Schwierigkeiten. Unser eigentliches Potenzial und unsere Stärken verlieren wir schnell aus dem Blick.

**3** Schlecht geplante Zeit fördert den Einfluss dominanter Menschen und Situationen in unserer direkten Umgebung, die uns schaden. Denn planen wir unsere Zeit nicht, wird es jemand für uns übernehmen. Aus einem reflexartigen Reagieren resultiert, dass wir uns kraftlos an andere hängen, die unsere Zeit gut für sich und ihre Interessen zu nutzen wissen.

**4** Schlechtes Zeitmanagement fördert eine innere Unzufriedenheit, sodass wir anfällig werden für unsere persönlichen Stolpersteine. Durch diese Unzufriedenheit haben wir die Tendenz, Dingen hohe Prioritäten und somit viel Zeit einzuräumen, die uns öffentliche Anerkennung einbringen. Ein ständiges Streben nach öffentlicher Anerkennung führt aber wiederum weg von den Dingen, die uns wirklich wichtig sind: den vier Prioritätensäulen Glaube, Ehe, Familie, eigene Interessen.

# Es ist alles nur eine Phase

Um ein gutes Zeitmanagement zu entwickeln, müssen Sie wieder Ihren Standort bestimmen. Nicht nur mit Blick auf Ihr eigenes Zufriedenheitslevel, sondern auch aus einem analytischen Blickwinkel.

Jede Familie durchläuft verschiedene Stufen oder Phasen, egal wie unterschiedlich die Charaktere auch sein mögen. Jede Familienphase bringt eigene Anforderungen mit sich.

In welcher befinden Sie sich gerade?

**1** Gründungsphase
**2** Aufbauphase
**3** Stabilisierungsphase
**4** Abbauphase
**5** Auslaufphase

In der **Gründungsphase** findet man sich als Paar und man findet zusammen – kopf- und wohntechnisch. Beide kommen aus unterschiedlichen Familien. Wenn die erste Verliebtheitsphase abklingt und eine innige, tiefe Liebe zu reifen beginnt, gilt es, in diesen Unterschiedlichkeiten zusammenzufinden. In dieser Phase bezieht man eine gemeinsame Wohnung und gründet einen gemeinsamen Hausstand. Ich wünschte, IKEA würde in jeder Filiale einen Eheberater beschäftigen, da bei Wohnfragen häufig zwei unterschiedliche Meinungen aufeinanderprallen. Die Schwierigkeit besteht darin, eigene persönliche Freiräume zu schaffen und Gemeinsamkeiten zu stärken und zu pflegen. Die Gründungsphase ist ein Lebensabschnitt des „Zusammenraufens".

Die **Aufbauphase** ist geprägt von Schwangerschaft, Geburt und dem Aufziehen der Kinder. In dieser Zeit müssen ein oder beide Partner die Erwerbstätigkeit herunterschrauben. Damit sind viele Konflikte in der Beziehung verbunden und die Frage „Wer leistet was?" ist ein ständiger Begleiter. Das Einkommen fällt oft geringer aus und muss für eine wachsende Familie reichen. Doch auch Zeit wird zur Mangelware und man hat das Gefühl, sie verrinnt im Eiltempo. Deswegen ist gerade in dieser Phase ein strukturierter Haushalt eine große Hilfe.

In dieser Zeit ist die Ehe unter massivem Beschuss durch die unterschiedlichsten Faktoren: Schlafmangel, finanzielle Probleme, enge Wohnverhältnisse, Karrierestopps … Die Aufbauphase dauert etwa 10 Jahre und danach werden leider viele Ehen geschieden.

Die **Stabilisierungsphase** lässt einen finanziell etwas aufatmen, die schwersten Engpässe sind überwunden. Doch schnell sind neue Ziele gesetzt und häufig liegt in dieser Zeit der Bau oder Kauf eines Eigenheims, der auch so seinen Stress mit sich bringt. Fleiß und Sparen sind in dem Falle wieder angesagt. Die Kinder wachsen heran und befinden sich in Schule und Ausbildung, sind aber noch nicht völlig selbstständig. Der Druck der ständigen Aufsichtspflicht lässt nach, doch Sorgen in der Schule und Ausbildung sind nun die Begleiterscheinungen. Auch wenn die Kinder in dieser Phase als „leichter"

empfunden werden und Eltern, die ihre Erwerbstätigkeit in der Aufbauphase zurückgeschraubt haben, nun wieder durchstarten wollen, sollte man im Blick behalten, dass bei den Kindern Zeiten mit intensivem Gesprächsbedarf anstehen, der keine direkten „Bürozeiten" kennt. Es ist eine gute Phase, um die Ehe nach den turbulenten Kleinkinderjahren aufzufrischen und einen Ehecheck zu absolvieren. Haben Sie sich stark auseinanderbewegt, wäre es ratsam, alles daranzusetzen, um sich wieder mehr aufeinander zuzubewegen.

In der **Abbauphase** verabschieden sich die ersten Kinder und werden flügge. Der Haushalt wird kleiner und selbst die Kinder, die noch zu Hause sind, können nun eigenständig mit anpacken.

Die körperliche Kraft beginnt langsam etwas nachzulassen und die ersten Krankheiten treten auf. Man muss mit seiner Kraft und Zeit haushalten. Häufig werden die eigenen Eltern nun pflegebedürftig oder die ersten Enkel kündigen sich an. Eine sehr durchwachsene Zeit beginnt. In dieser Phase zeigt es sich sehr deutlich, wenn die Beziehung in der Aufbauphase nicht auf ein solides Fundament gestellt und in der Stabilisierungsphase nicht gestärkt wurde.

Die **Auslaufphase** ist die Phase der letzten Lebensjahre. Alle Kinder sind längst aus dem Haus und in der Beziehung zu ihnen zeigen sich die Früchte von Zeit und Arbeit, die man in Aufbau- und Stabilisierungsphase in seine Kinder „investiert" hat. Ich bin der Meinung, dass sich vieles von dem, wie man selbst mit seinen Kinder umgegangen ist, in der Zeit der Pflegebedürftigkeit widerspiegelt.

In diese Phase fallen oft Krankheiten und auch der Tod des Ehepartners. Bei alledem besteht trotzdem noch der Wunsch nach Aktivität und Plänen. Häufig kann man sich nun Wünsche erfüllen oder Ruhe genießen, wenn das vorher aus Zeitmangel nicht möglich war. Enkelkinder können viel Leben ins Haus bringen und halten einen jung.

# Dankbarkeit

## für die aktuelle Lebensphase trainieren

Aufbau- und Stabilisierungsphase sind die beiden Abschnitte, auf deren Probleme und ihre Lösungen ich hauptsächlich eingehen werde. Doch auch Familien, die sich in der Abbau- und Auslaufphase befinden, können von einem strukturierten Haushalt profitieren.

Natürlich gibt es viele Grauzonen zwischen den Phasen und fließende Übergänge. Aber dieser Überblick soll Ihnen erst einmal dabei helfen, Ihre eigene Position zu bestimmen. Bei der Beschreibung der Phasen habe ich die größten Probleme aufgezählt. Diese sollten aber Ihren Blickwinkel nicht bestimmen. Es ist wichtig, sich der Einzigartigkeit und der Vorteile jeder Phase bewusst zu werden. Sonst passiert es schnell, dass man nur in der Vergangenheit oder der Zukunft lebt:

„Ach wie schön war doch die Freiheit damals!" – „Ach wie schön war es, als die Kinder klein waren!" Oder: „Wenn die Kinder erst mal groß sind, werde ich endlich wieder richtig leben können!" – „Wenn wir etwas mehr Geld hätten, weil ich wieder arbeiten kann, dann wird alles besser!"

Mit solchen Gedanken wird man nie die gegenwärtige Lebensphase genießen können. Üben Sie jetzt, sonst werden Sie auch im nächsten Abschnitt nur nach vorne oder zurückschauen, mit dem Trugschluss, dass dort alles besser war oder wird.

- - - - - - - - - - - - - - - - -

Leben Sie bereits im
Status quo zufrieden!
Doch Zufriedenheit
muss erlernt werden.

- - - - - - - - - - - - - - - - -

Um Zufriedenheit zu üben, habe ich folgende kleine Strategie entwickelt. Bitte probieren Sie diese mindestens einen Monat lang aus. Ich versuche dabei, Fortschritte mithilfe der Prioritätenrutsche sichtbar zu machen.

Nehmen Sie sich ein kleines Büchlein oder einen Zettel und schreiben Sie vor dem Schlafengehen für die persönlichen vier Säulenbereiche Ihres Lebens jeweils nur ein realistisches Ziel für den nächsten Tag auf.

Hier mein Beispiel:

1. **Glaube:** Den Tag 5 Minuten alleine mit einem Bibelwort beginnen.
2. **Ich-Zeit:** 10 Minuten Pilates mit YouTube machen.
3. **Kinder:** Jedes Kind einmal loben.
4. **Ehe:** Wenn mein Mann von der Arbeit nach Hause kommt, nicht die negativen Dinge des Tages aufzählen, sondern etwas Positives.

Bevor ich den Zettel in den Nachttischschrank lege, bete ich für mein Vorhaben:

„Bitte, lieber Gott, gib mir die Kraft, morgen 1, 2, 3, 4 zu schaffen." Die 4 Punkte benenne ich konkret. Am Morgen, wenn Sie kurz Ruhe dafür finden, können Sie noch einmal dafür beten.

Am Abend eines Tages schaue ich, welche meiner 4 Punkte ich tatsächlich geschafft habe. Diese Punkte hake ich ab und spreche ein Dankgebet dafür, bevor ich die Liste für den nächsten Tag schreibe.

Beginnen Sie heute damit, für Ihre persönlichen Prioritätensäulen solch eine Liste zu erstellen, und halten Sie mindestens 30 Tage durch. Denn jede neue Routine braucht 30 Tage, um zur Gewohnheit zu werden.

Es tut gut, Dinge als erledigt abhaken zu können. Gerade als Mutter denkt man am Abend oft: Was habe ich eigentlich den ganzen Tag gemacht? Hier haben Sie die Antwort dann schriftlich. Wenn Sie manche Ziele wiederholt nicht schaffen, ist es an der Zeit, diese Säule der Prioritätenrutsche unter die Lupe zu nehmen.

Diese kleine Übung kann für mehr Zufriedenheit sorgen,
- da Sie auf diese Weise Probleme konkret anpacken und somit aktiv werden und sich dadurch weniger fremdbestimmt fühlen.
- Sie beginnen, Probleme in Portionen zu unterteilen, die realistisch zu bewältigen sind.
- Durch das Abhaken werden Erfolge sichtbar.
- Die Dankbarkeit (und sei es nur für Teilgebiete) im Gebet ist auch ein Schlüssel für eine wachsende Zufriedenheit. Dankbare Menschen sind glücklicher.

Nach dreißig Tagen können Sie dann noch einmal Ihre Situation für alle Bereiche einstufen und schauen, ob sich Ihre Zufriedenheit gesteigert hat.

Glaube

Ich-Zeit

Ehe

Kinder

# Gutes Timing

Lernen Sie sich selbst so gut kennen, wie Sie nur können! Das trifft auch auf Fragen der Zeitplanung zu. Wann können Sie welche Aufgaben am besten erledigen? Wann sind Ihre Kinder am ehesten bereit und in der Lage, Sie ruhig arbeiten zu lassen? Ich habe bei mir festgestellt, dass ich alles, was ich nicht bis 11 Uhr erledigt habe, auch am Rest des Tages nicht mehr schaffe. Am Nachmittag bin ich nur damit beschäftigt, die Reste vom Mittagsschlachtfeld aufzuräumen und Taxi-Mom zu spielen oder Spielbesuche in Empfang zu nehmen. Das Abendbrot kommt meistens so schnell, dass ich das Gefühl habe, den Tisch noch gar nicht vom Mittagessen abgewischt zu haben (manchmal ist es leider nicht nur ein Gefühl, sondern Tatsache). Nach dem Abendbrot gehen die Bettverhandlungen los. Danach ist mein Gehirn Brei und so schlafe ich oft mit den Kindern zusammen ein. Dieser Rhythmus passt bei uns ganz gut, da mein Mann abends fast immer beruflich unterwegs ist.

Ich habe mir angewöhnt, alle Tätigkeiten, die Ruhe und Konzentration brauchen, nicht mehr wie zu Studienzeiten in die Nacht zu legen, sondern für den frühen Morgen einzuplanen. Häufig stehe ich um 4 Uhr auf und lasse den Tag sehr ruhig und allein beginnen. Gerade für die erste Priorität, meinen Glauben, ist genau diese Stille nötig. Die Zeit am Morgen stärkt mich für die lauten und trubeligen Anforderungen des Tages. Das konnte ich jedoch nur herausfinden, indem ich mit meinem Schlafrhythmus experimentiert habe.

## Einen Rhythmus finden

Die Basis für jedes Zeitmanagement ist der Schlafrhythmus. Denn nur ein gesunder, regelmäßiger Schlaf kann Ihnen ein wirklich konzentriertes effektives Arbeiten ermöglichen. Doch bevor Sie Ihren Schlafrhythmus unter die Lupe nehmen, müssen Sie an einem einigermaßen berechenbaren Schlaf Ihrer Kinder arbeiten.

> *Der wichtigste Punkt auf Ihrer To-do-Liste für ein sortiertes Leben ist der Schlafrhythmus. Ihr eigener und der des Kindes.*

Fangen Sie so früh wie möglich an, Ihr Kind sanft an einen Rhythmus zu gewöhnen. Je später Sie handeln, umso schwieriger wird es. Eine schlechte Routine entwickelt sich bei einem Kind nach nur drei Tagen, diese abzugewöhnen kann zwei oder mehr Wochen dauern. Den Teufelskreislauf eines schlechten Schlafrhythmus zu durchbrechen, ist extrem schwierig und bedarf starker Disziplin Ihrerseits. Leider lässt sich das nicht schönreden.

Ich selbst habe mich bei allen Kindern an den EASY-Rhythmus gehalten. So unterschiedlich alle Kinder auch waren, sie lernten damit, gut und fest zu schlafen und sich an einen Rhythmus zu gewöhnen. Das trägt auch zu einer guten Familienatmosphäre bei. Bei der EASY-Methode geht es zu Beginn erst einmal darum, eine Reihenfolge zu entwickeln.

EASY steht für folgende Schritte:

E für Essen, A für Aktivität, S für Schlaf und Y für die verbleibende Ich-Zeit (You). Diese Strategie führt dazu, dass Sie von Anfang an ans Essen (z.B. Stillen) keine Schlafenszeit anhängen, sondern ein sattes und zufriedenes Baby in eine Aktivitätsphase bringen. Zu Beginn ist es bloß das Wickeln, später verlängert sich diese Aktivitätsphase in eine Wachphase mit Gucken und Spielen. So wird das

Schlaf,
Kindchen,
schlaf.

Kind von alleine müde und kann dann in eine qualitativ hochwertige Schlafphase übergehen. Solange Sie stillen und die Kinder noch sehr klein sind, sollten Sie in die Schlafphasen des Kindes nicht nur konzentrierte Arbeit, Zeit für sich und den Haushalt einplanen, sondern auch unbedingt Ruhephasen. Wenn Sie auch selbst regelmäßig zur Ruhe kommen, können Sie Ihre eigenen aktiven Phasen produktiver nutzen, wenn die Anfangszeit mit dem Baby herum ist. Sind Sie selbst ständig übermüdet, werden sich sämtliche Arbeitsvorgänge verlangsamen, und die Fehlerquote wird immer höher, sodass Sie mehr Zeit mit der Korrektur der Fehler verbringen als mit dem Arbeitsvorgang an sich. Schonung in der Anfangszeit führt zu mehr Energie, wenn auch das Kind aktiver wird. Natürlich ist es schön, wenn Babys beim Stillen und Kuscheln einschlafen. Als Mütter genießen wir das auch. Das Stillen und die bequeme Haltung lassen uns selbst müde werden. Doch wenn Sie den Rhythmus herumdrehen und an die E-Phase direkt eine S-Phase anhängen und das Stil-

len als Einschlafhilfe nutzen, erwacht das Kind meistens entweder mit Hunger oder dem Bedürfnis nach direkter Aufmerksamkeit. Ein sattes Kind ist zufrieden und lernt schneller, in der Aktivitätsphase auch mal alleine zu spielen. Gegen Ende der aktiven Phase kann man dann immer noch mit seinem Kind Zeit verbringen und die Wachphase etwas verlängern, um den Schlafzeitpunkt herauszuzögern. Kann Ihr Kind sich auch mal alleine beschäftigen, so haben Sie mehr Möglichkeiten, einen Teil der Wachphase für die Hausarbeit zu nutzen.

## Mein Tagesrhythmus

Damit Sie sich die Theorie auch praktisch vorstellen können, zeige ich Ihnen den Rhythmus, an dem ich mich bei allen Kindern entlanggehangelt habe. So unterschiedlich alle fünf Kinder auch waren, zum Schluss sind wir immer bei diesem Rhythmus gelandet:

Ich liebe es, in den Ferien alle Pläne über Bord zu werfen. Das macht Ferien so schön!

Sie sehen, dass hier viele Stunden Schlaf eingerechnet sind. Ich selbst brauche einiges an Schlaf und vielleicht gehören Sie zu den Menschen, die mit wenig Schlaf klarkommen. Ich brauche so viel Schlaf, dass es schwierig ist, ruhige Ich-Zeit zu finden, deshalb stehe ich am Morgen so früh auf.

## 4:00-6:00 Uhr
- Ich-Zeit (außer in Schwangerschaft, Stillzeit und Krankheitsphasen)

## 6:00-6:30 Uhr
- Kinder stehen auf

## 6:30 Uhr
- Andacht und anschließendes Frühstück
- Wachphase/konzentriertes Spielen des Kindes
- knackiges Aufräumen, Wäsche

## 8:30-10:00 Uhr
- Vormittagsschlaf für das Baby
- Haushalt, Mittagsvorbereitung
- kurze Ruhephase
(Wenn das Kind nach der Schlafphase eine konzentrierte Spielphase hat, lege ich auch manchmal die Füße hoch, um Kraft zu tanken, das ist hier wichtig, wenn ich sehr früh aufgestanden bin.)

## Ab 11:00 Uhr
- Spazierengehen/Erledigungen
(Hier lasse ich Kinder zwischen 16 Monaten und 3 Jahren ca. 10–15 Minuten einschlafen, wenn sie wollen, wecke sie aber konsequent wieder, damit sie noch einen guten Mittagsschlaf halten.)

## 12:00 Uhr
- kleine Kinder füttern
(Ich esse mit, damit ich später geduldiger bin und besser zuhören kann, wenn die Älteren nach Hause kommen und essen.)

## 13:00 Uhr
- zweiter Gang (Die Älteren kommen nach Hause.)
- Kinder bis 3 gehen in den Mittagsschlaf (bis 15:00/15:30 Uhr)
- Ich selbst lege mich für eine Stunde hin.

## 15:30-17:30 Uhr
- Spielzeit, Sportvereine, Taxi-Mom

## 17:30 Uhr
- Aufräumzeit (Ich läute das Ende der Spielbesuche ein.)

## 18:00 Uhr
- Abendbrot mit anschließender Andacht

## 19:00 Uhr
- Kinder bis 3 gehen ins Bett

## Bis 19:30 Uhr
- letzte Hausaufgaben/Schulerledigungen, an denen ich mitbeteiligt bin
- Ältere dürfen noch etwas lesen.

## 19:30 Uhr
- Kuscheltag mit einem Kind (reden, lesen, Sonstiges)

## 20:00-20:30 Uhr
- Alle schlafen.

Proaktive Planung hilft gegen das Gefühl der Fremdbestimmung.

Besonders Kinder unter 16 Monaten benötigen viele Schlafstunden. Auch wenn es manchmal danach aussieht, dass sie sie nicht brauchen, weil sie vielleicht über eine Zeitperiode abends schlechter einschlafen oder beim Mittagsschlaf früher aufwachen, war es immer meine Leitlinie, zu diesem Schlafrhythmus zurückzufinden. Ich halte es für das Geheimrezept von entspannten Kindern. Verbreitet ist der Trugschluss, dass Kinder vielleicht später aufstehen, wenn man sie abends länger hinhält. Oder dass das Zubettbringen so schwierig ist, weil die Kinder tagsüber zu viel Schlaf hatten. Dabei sind Mütter überall auf der Welt zwischen 19:00-21:00 Uhr am Verzweifeln, da die Babys häufig extrem übermüdet sind und nicht zur Ruhe finden, weil sie tagsüber zu wenig Schlaf hatten. Ein erzwungenes Wachhalten tagsüber verschlimmert die Situation nur. Bei den Schlafphasen tagsüber sollten vormittags jedoch nicht 1,5 Stunden und nachmittags 2,5 Stunden überschritten werden. Hier besteht die Kunst darin, ein Kind, das tagsüber gerne viel schläft, auch konsequent zu wecken. Denn gerade was den Fluss der Haushaltsarbeit angeht, sind wir hier häufig verleitet, das Baby länger schlafen zu lassen, damit wir die Arbeit in Ruhe zu Ende führen können. Besonders in der Phase, in der der Vormittagsschlaf „ausgeschlichen" wird, rotiere ich im Haushalt häufig, weil mir die qualitativ hochwertige Arbeitsphase fehlt.

Die Zeit, in der Kinder zwischen 16 Monaten und 3 Jahren alt sind, ist eine sehr energiezehrende Zeit und von viel Müdigkeit geprägt. Gerade jetzt ist es wichtig, sich auf die Prioritäten zu konzentrieren, alles zu streichen, was nicht unbedingt nötig ist (Basismodell), und sich auch schlichtweg Hilfe zu holen. Es ist eine Phase der Überbrückung. Die Inanspruchnahme von Haushaltshilfen macht Sie nicht zu einer schlechteren Hausfrau. Auch Auszeiten wie eine Kur sind kein Zeichen von Versagen. Um das zu verstehen, musste ich erst 12 Jahre im Mutterbusiness heranreifen.

Nun zu Ihrem Schlafrhythmus: Regelmäßiger Schlaf ist extrem wichtig. Natürlich gibt es die typischen durchwachten Nächte und folterähnlichen Schlafentzug in der Babyphase. Doch auch in diesen Zeiten ist immer ein roter Faden notwendig, zu dem man zurückkehren kann. Selbst wenn Sie vor den Kindern eher zu den Menschen gehört haben, die wenig Schlaf benötigen, so kann sich das durch die körperlichen Anforderungen am Tag und in der Nacht und ganz besonders in Schwangerschaft und Stillzeit völlig verändern. Hören Sie auf Ihren Körper! Ich habe das jahrelang nicht getan und später üble Quittungen dafür bekommen. Ruhiger Schlaf sollte im Sinne des Basisprojektes eine wichtige Grundlage sein, die schlichtweg wichtiger ist als ein Hobby, der Job, der nette Abend mit Freundinnen oder der 20:15-Uhr-Film. Müdigkeit macht aus uns schlechte Mütter, schlechte Ehefrauen und schlechte Freundinnen. Wir sagen und tun Dinge, die wir im normalen Zustand nicht gesagt oder getan hätten. Somit kann schlechter Schlaf Kettenreaktionen im Zwischenmenschlichen und für Ihre Gesundheit auslösen, die fatal sind.

Haben Sie das Gefühl, überhaupt keinen Schlafrhythmus mehr zu besitzen? Beginnen Sie damit, einen Monat lang immer zur gleichen Zeit ins Bett zu gehen und zur gleichen Zeit aufzustehen. Hier sollten Sie 30 Tage lang selbst am Wochenende keine Ausnahme machen. Nur so kann mithilfe von Disziplin eine selbstverständliche Gewohnheit entstehen. Beim Gestalten Ihres persönlichen Schlafrhythmus sind Ihrer Fantasie keine Grenzen gesetzt.

Wichtig ist nur, dass Sie ihn 30 Tage durchziehen. Danach werden Sie merken, ob es ein kraftspendender Rhythmus ist oder ob er nicht zu Ihnen passt. Sollte sich der neue Rhythmus stark von Ihrem alten unterscheiden, wäre es nicht schlecht, das mit Ihrem Arzt zu besprechen. Sie sollten auch keine extrem stressigen Zeiten für dieses Experiment auswählen, und in Schwangerschaft und Stillzeit sind Schlaf-Experimente tabu. Dann ist das Sandmännchen als Anhaltspunkt für Ihre Bettgehzeit nicht schlecht.

## Nachteule und Earlybird

Hinsichtlich des Schlafrhythmus unterteilt man Menschen in Nachteulen und Earlybirds. Trotzdem bin ich der lebende Beweis dafür, dass aus einer extremen Nachteule ein Frühaufsteher werden kann. Ich genoss früher die Ruhe der Nacht. Wenn man als Mutter immer abrufbereit ist, dann sehnt man sich nach Stunden der Einsamkeit. So liebte ich die Stille um 3 Uhr morgens, hatte aber immer Probleme, nach einer durcharbeiteten Nacht zur Ruhe zu kommen. Was die Arbeitseffektivität betrifft, kann ich nach vielen Beobachtungen sagen, dass ich in 4 Stunden später Nachtarbeit nur so viel schaffe wie in 2 Stunden früher Morgenarbeit, wenn ich um 4 Uhr aufstehe. Denn diese Einsamkeit, in der man für niemanden erreichbar ist und wo man sich sicher sein kann, nicht angerufen zu werden, kann man auch in den frühen Morgenstunden finden. Wichtig hierfür ist aber, abends vor 10:00 Uhr ins Bett zu gehen und den Tag auch mit einer kurzen Schlaf- oder Ruhepause zu unterbrechen. In eigenen Ruhephasen sollten Sie eine sichere Spielmöglichkeit für Ihr Kind schaffen, damit es z.B. in der Nähe spielen kann, ohne dass Sie andauernd um die Sicherheit des Kindes oder irgendwelche Besitztümer bangen müssen. Das ist also nicht unbedingt die Zeit, um den 4-Jährigen mit dem Tuschkasten auf das weiße Sofa zu setzen. Ihr Kind sollte lernen, leise zu spielen und Ihre Ruhephase zu respektieren. Kennt Ihr Kind das noch nicht, beginnen Sie zuerst mit 15 Minuten und steigern sich dann langsam. Je nach Alter des Kindes können Sie die Zeit bis auf eine Stunde ausdehnen. Es hilft Familien, von Anfang an eine Mittagsruhe einzuführen. Das ermöglicht den Kleinen einen ruhigen Mittagsschlaf, den Mittleren eine intensive Spiel- und Bauphase, in der die Kleinen nicht alles zerstören, und den Großen eine konzentrierte Hausaufgabenzeit.

Es gibt auch recht „verrückte" Schlafvarianten wie den polyphasischen Schlaf. Es gibt Menschen, die ernsthaft nur 2–3 Stunden schlafen und immer nur in 20-Minuten-Häppchen. Doch eine Variante, so verrückt sie klingen mag, war in Europa viele Jahre Standard, und in den bin ich selbst in so mancher Schwangerschaft verfallen. Man geht dabei früh ins Bett (vor 21:00 Uhr), steht nachts um 1 Uhr auf und geht um 3 wieder ins Bett. In diesen 2 Stunden schafft man einiges an Arbeit, die man am Abend müde hat stehen lassen müssen, und kann morgens wohlausgeruht mit sauberer Küche in den Tag starten. Während mein Arzt mich darauf hinwies, dass ich mir hier einen Schlafrhythmus angewöhne, den ich später vielleicht nicht mehr loswerde, profitierte ich in den ersten Wochen nach der Geburt davon, dass ich es gewohnt war, um diese Zeit wach zu sein, und es fiel mir sogar leichter, für das nächtliche Stillen aufzustehen. Sobald das Baby dann anfing, länger zu schlafen, erübrigte sich die Nachtsession aufgrund der natürlichen Müdigkeit, die überhandnimmt, und ich kehrte schnell zu einem „normalen" Schlafrhythmus zurück.

Doch die Variante früh ins Bett und früh heraus ist die, die sich den natürlichen Tageslichtphasen am meisten anpasst. Durch die Erfindung des elektrischen Lichts ha-

ben wir die Tendenz, die Nacht zum Tage zu machen, was nicht das Gesündeste für unseren Körper ist.

Selbst wenn Sie Probleme haben, früh ins Bett zu gehen, hilft es schon, sich früher hinzulegen und z.B. zu lesen. Es sollte jedoch nicht zu spannend sein. Bildschirmlicht hemmt die Ausschüttung von Melatonin in unserem Körper und lässt uns schlecht zur Ruhe kommen, da dieses Hormon für einen ruhigen Schlaf sorgt. Der 20:15-Uhr-Film ist vielleicht gemütlich, aber nicht unbedingt schlaffördernd.

Seien Sie auch beim Finden Ihres persönlichen Rhythmus kreativ und lassen Sie sich nicht von einem „So etwas macht doch keiner" einschränken. Dieses Buch ist in ruhigen Morgenstunden vor 6 Uhr entstanden.

## 10 Regeln zur Schlafhygiene:

**1** Gehen Sie jeden Tag zur gleichen Zeit ins Bett und stehen Sie morgens um die gleiche Zeit auf. So findet Ihr Körper in einen festen Rhythmus.

**2** Spätestens drei Stunden vor dem Schlafengehen sollten Sie keine größeren Mengen mehr essen. Gehen Sie aber auch nicht hungrig zu Bett.

**3** Verzichten Sie je nach Sensitivität vier bis acht Stunden vor dem Schlafengehen auf koffeinhaltige Getränke. Vermeiden Sie Alkohol am späten Abend.

**4** Dehnen Sie Ihren Mittagsschlaf nicht auf über 30 Minuten aus, sonst fällt es Ihnen abends schwerer einzuschlafen.

**5** Stehen Sie direkt nach dem Aufwachen auf. Schlafstörungen können durch zu langes Liegenbleiben verstärkt werden.

**6** Vermeiden Sie körperliche Überanstrengung nach 18 Uhr.

**7** Gestalten Sie Ihre Schlafumgebung optisch ruhig. Schaffen Sie Verdunklungsmöglichkeiten an Fenstern und achten Sie auf ein gutes, nicht zu warmes Raumklima.

**8** Verbannen Sie Ihr Handy aus dem Schlafzimmer.

**9** Entwickeln Sie Ihr persönliches Abendritual als Pufferzone zwischen Alltag und dem Zubettgehen.

**10** Vermeiden Sie helles Licht, wenn Sie nachts wach werden, dies kann die innere Uhr umstellen.

# Finden Sie Ihren Rhythmus

## Leistungsfähig durch den Alltag

So wie wir einen Schlafrhythmus haben, so haben wir auch einen Tagesrhythmus, der mitbestimmt, in welchen Phasen wir bestimmte Aufgaben effizienter erledigen können als in anderen. Zu manchen Tageszeiten ist man kommunikativer, körperlich leistungsfähiger, konzentrierter bei der Kopfarbeit, grundsätzlich zu hungrig, um sinnvoll einkaufen zu gehen, oder entspannter für kuschelige Momente. Beobachten Sie sich dahin gehend einmal.

Doch sobald man Kinder hat, muss man diesen eigenen Rhythmus auch noch mit dem des Kindes verknüpfen. Da mag ich noch so effizient Hausarbeit erledigen können, wenn mein Kind Hummeln im Poppes hat, muss es zu einer bestimmten Zeit spazieren gehen, da es ansonsten vermutlich eine stark zerstörerische Kreativphase entwickelt, die mir mehr Hausarbeit beschert, als ich zu Beginn hatte. Gerade in der Kleinkindphase ist der Happy-Rhythmus des Kindes Taktgeber für unseren eigenen. Da können wir uns noch so drehen und wenden und unsere eigenen Pläne machen – haben Sie den Schlaf-wach-Rhythmus des Kindes nicht mit einberechnet, werden Sie und Ihr Kind am Abend immer wieder auf frustrierende Quengeltage zurückschauen und sich fragen: Was habe ich eigentlich den ganzen Tag gemacht! Der große Unzufriedenheitskreislauf beginnt häufig an dieser Stelle. Sie werden sich nach immer mehr Ich-Zeit sehnen, die gleichzeitig immer unrealistischer wird. Arbeiten Sie im Einklang mit dem Rhythmus Ihres Kindes, dann wird das Verlangen nach mehr Ich-Zeit nachlassen, und Sie haben dafür größere Chancen, die wenige Ich-Zeit qualitativ besser zu nutzen. Die wenige Zeit, die Sie sich hier erkämpfen können, ist für Sie und Ihren Tank überlebenswichtig.

# Wie viel Zeit braucht mein Haushalt eigentlich?

| | Arbeit | Zeit | Arbeit | Zeit |
|---|---|---|---|---|
| Täglich | | | | |
| | | | | |
| | | | | |
| | | | | |
| Wöchentlich | | | | |
| | | | | |
| | | | | |
| | | | | |
| Alle 2 Wochen | | | | |
| | | | | |
| Monatlich | | | | |
| | | | | |
| Vierteljährlich | | | | |
| | | | | |
| Halbjährlich | | | | |
| | | | | |
| Einmal im Jahr | | | | |
| | | | | |

# Der Multitasking-Mythos

Multitasking wird unter Müttern überbewertet. Ja natürlich sind unsere Fähigkeiten, mehrere Dinge zur gleichen Zeit zu erledigen, im Vergleich zum männlichen Geschlecht paranormal. Doch das liegt weniger an angeborenen Superheldenkräften, sondern eher an schlichter Notwendigkeit und ist der hohen Arbeitsbelastung und den vielen Anforderungen im Alltag geschuldet. Doch auch wenn es praktisch möglich ist, leidet jeder einzelne Vorgang darunter, wenn man sich nicht voll darauf konzentrieren kann. Man kann halt nur 100 Prozent geben. Je mehr Vorgänge einen Teil dieser 100 Prozent beanspruchen, desto mehr leidet die Qualität jeder einzelnen Aufgabe. Einfache Mathematik! Muss man ständig Multitasking betreiben, steht man unter einer enormen Dauerbelastung, die einem auf lange Sicht sehr schaden kann und die krank macht.

Ich übe mich seit Jahren immer wieder darin, zu entschleunigen, indem ich mich bewusst auf einzelne Vorgänge fokussiere, selbst wenn sie trivial erscheinen. Besonders im Haushalt kommen Tätigkeiten, die nicht unbedingt viel Grips benötigen, bei denen man aber schon aus Sicherheitsgründen nicht das Gehirn ausschalten sollte, häufig vor. Nicht ohne Grund finden die meisten Unfälle im Haushalt statt.

Wenn mal wieder alles um Sie herum hektisch und laut ist, hilft es, sich durch „gebündelte" Sinneswahrnehmungen auf einen Prozess zu konzentrieren. Wie fühlt sich ein Gegenstand in meiner Hand an? Wie sieht seine Farbe aus?

Besonders beim Mittagessen kann eine unglaublich stressige Atmosphäre herrschen, wenn die Kinder von ihrem Tag berichten, gleichzeitig unglücklich mit dem Essen sind und sich mit einem Geschwister in der Wolle haben. Wann haben Sie zuletzt Ihr Essen wirklich geschmeckt, anstatt es nur schnell zwischen dem Füttern von Babys und der Rettung des umgekippten Bechers hinunterzuschlingen? Wann habe Sie einfach mal das Telefon klingeln lassen und sind nicht automatisch zum

Hörer gesprungen? Ich habe mir angewöhnt, am Abend bei der Andacht und dem Vorlesen einfach nicht ans Telefon zu gehen, wenn es irgendwie möglich ist. Das zeigt auch den Kindern, dass ich nun nur für sie da bin.

Ganz ohne Multitasking geht es oft trotzdem nicht. Bei mir ist das Telefonieren ein Kandidat für „Multitasking light". Je mehr Kinder man hat und je mehr Hausarbeit zu tun ist, desto schwieriger wird es, Zeit zum Telefonieren zu finden, geschweige denn eine Hand frei zu haben. Deswegen besitze ich seit Jahren ein Headset, damit ich während der vielen Warteschleifen, die sich beim Telefonieren ergeben, noch die Geschirrspülmaschine ausräumen kann, ohne eine steifen Nacken von dem Hörer zu bekommen, der zwischen Ohr und Schulter klemmt.

# Jetzt ist aber mal Ruhe im Karton!

Kennen Sie diese sich hochschaukelnde Lautstärke? Irgendwann hat man das Gefühl, dass alle nur noch brüllen. Ein gemeinsames Mittagessen klingt dann schnell wie die Börse an der Wall Street. Seit einer Weile benutze ich eine Dezibel-App, die Alarm schlägt, wenn eine gewisse Lautstärke überschritten wird, das funktioniert dann ähnlich wie das Ampelprinzip in den Grundschulen.

„Hilfe, die Ottos kommen", heißt es sogar bei meinen Eltern. Um den Lautstärke-Teufelskreis zu durchbrechen, sind wir als Eltern gefragt. Eine laute und hektische Grundstimmung unsererseits ist häufig die Ursache. Sie fragen sich gerade, was Lautstärke mit Zeitmanagement zu tun hat? Viel!

Je knapper unsere Zeit geplant ist, umso lauter werden wir. „Beil dich, sonst kommen wir zu spät zum Termin!" – „Zieht euch schnell an, wir müssen los!" – „Zieht euch schnell aus, wir müssen noch Abendbrot essen!" – „Ab ins Bett, ich möchte heute noch mit meiner Freundin ins Kino!" – „Räum dein Zimmer endlich auf, bevor es Abendbrot gibt!" Das sind alles Sätze, die eher im Kommandoton gesprochen werden als im Flüsterton. Auch Sätze, die am späten Nachmittag oder zu Stress-Stoßzeiten gesagt werden, sind nicht gerade leise. Wir mutieren dann zu zackigen Robotern und haben ein genaues Zeitziel vor Augen, denn am Ende des Tages rächt sich jede Minute, die man irgendwo länger gebraucht hat, als (schlecht) geplant.

## Andere Zeitdimensionen

Eine Sache sollten Sie sich immer bewusst machen: Ihr Kind hat ein eigenes Zeitempfinden und das hängt eng mit Emotionen zusammen:

Macht Spaß. ► Die Zeit verfliegt.
Möchte ich nicht machen. ► Kann ich ewig aussitzen.
Mag ich nicht. ► Die Zeit will einfach nicht vergehen und das muss ich dann meinen Eltern im 5-Minuten-Rhythmus mitteilen.

Besonders wenn Kinder die Uhr noch nicht lesen können, sind sie einfach nicht in der Lage, mit unserem Zeitempfinden mitzuhalten. Je öfter wir das Wort „schnell" benutzen, umso stärker fallen viele Kinder ins Zeitlupentempo oder in eine totale Bewegungslosigkeit, im schlimmsten Fall in einen üblen Bockanfall. Das Wort schnell vermeide ich seit meinem 3. Kind, das in einer völlig anderen Zeitdimension lebt. Für dieses Kind haben wir uns auch einen besonderen Timer angeschafft.

Dieser Timer ist super für Kinder, die keine Uhr lesen können. Eine Fläche verschwindet Schritt für Schritt und somit kann ein Kind die Zeit besser erfassen. Sehr hilfreich ist solch ein Zeitmesser, wenn es um Aufgaben wie Aufräumen, Zähneputzen, Anziehen, Ausziehen oder Hausaufgaben geht. Es gab Zeiten, da benutzten wir ihn selbst für jedes Wasserglas, das getrunken werden sollte, und für jeden Teller, der leer zu essen war. Es hat etwas Spielerisches und der Wettbewerbscharakter führt dazu, dass Kinder sich etwas beeilen, um den Timer zu schlagen. Gepaart mit viel Lob und Beifall, kann so ein Hilfsgerät bei langsamen Kindern viel bewirken. Außerdem gebe ich etwas ab. Nun ist es nämlich nicht die nervige Mama, sondern der Timer, der das Ende von etwas einläutet.

Solche kreativen Wege sind eine Erleichterung und in vielen Fällen eine Notwendigkeit, um den Alltag zu meistern. Langsamkeit an sich ist jedoch nichts Schlechtes bei Kindern. Diese Langsamkeit bremst uns aus und stoppt uns in Stress-Situationen, die wir ohne diese besonderen Kinder oft nicht richtig wahrgenommen hätten.

Um Ruhe in die Familie zu bringen, ist es nötig, sich auch immer wieder an das Zeitempfinden des Kindes anzupassen. Wie oft rupfen wir an den Jacken und Mützen der Kinder, damit wir schnell schon mal die Nudeln auf den Herd setzen können. Oder wie oft ziehen wir unser Kind weiter, das gerade die Schnecke am Straßenrand beobachtet, weil wir diesen Spaziergang notgedrungen dazwischengeschoben haben. Je mehr Hetzmomente wir haben, umso stärker übertragen wir diese Unruhe auf unsere Kinder. Die Quittung dafür erhalten wir meistens zeitversetzt.

Es war immer unglaublich, wie ruhig es in unserem Haushalt wurde, wenn ich aus Krankheitsgründen nicht sprechen konnte oder alles langsamer angehen musste. Nein, die Welt ging nicht unter, wenn ich meine Arbeitskraft, auf die ich so viel hielt, nicht voll ausschöpfen konnte. Es wurde einfach nur alles ruhiger.

In solchen Momenten zeigte sich, dass auch „nur" mit dem Basismodel (um bei einem Bild vom Anfang des Buches zu bleiben) alles irgendwie funktioniert.

Halten Sie also in stressigen Momenten einfach mal inne und beginnen Sie bewusst, alltägliche Handgriffe bedachter und langsamer zu tun. Legen Sie für fünf Minuten einmal alles aus der Hand. Öffnen Sie ein Fenster oder eine Tür und schauen Sie in die Ferne. Entspannen Sie Ihre Augen und Ihr Gesicht. Versuchen Sie an nichts oder etwas sehr Schönes zu denken. Danach schauen Sie Ihre Kinder und den Haushalt an und sehen Sie nicht auf die Macken und die Arbeit, sondern die Gaben der Kinder und die Gaben, die Sie verwalten dürfen. Man muss sich sehr dazu zwingen, doch es wirkt.

Im Studium des Grundschullehramts lernte eine Freundin, wie man statt im Zehnersystem, unserem gewohnten Dezimalsystem, in einem 4er-System rechnet. Super kompliziert, meiner Meinung nach. Wozu also das Ganze? Sie erklärte mir, dass sie dadurch nachzuempfinden lernte, wie es Kindern geht, die das Zehnersystem nicht als völlig selbstverständlich im Kopf haben, und wie man sie an etwas für uns Selbstverständliches heranführen kann.

*Die Uhr unserer Kinder ist wie eine leere Leinwand, auf der sich ein Zeitempfinden erst entwickeln muss.*

Es hilft, sich vorzustellen, wie ein Kind denkt. Entfernen Sie doch mal alle Uhren aus Ihrem Umfeld, um einen kleinen Eindruck davon zu bekommen.

Kindern hilft es, wenn Vergleiche zu bekannten Dingen hergestellt werden. Die leidige Frage im Auto, wie lange es noch dauere, beantworten wir gerne mit Vergleichen, die am besten positiv besetzt sind. Es dauert also beispielsweise so lange wie …

… einmal zur Oma und zurück.

… zweimal Sandmanngucken.

… einmal Kinderturnen.

Versuchen Sie nicht, gegen das Zeitempfinden Ihres Kindes zu arbeiten, sondern kreativ mit ihm.

# Vorlaufzeiten

Kinder brauchen auch Vorlaufzeit. Je mehr Zeit wir dafür einplanen, umso weniger geraten wir in Stress- und Streitsituationen. Warnen Sie Ihr Kind so vor: „In einer halben Stunde kommt die Mama von Lena, in 15 Minuten ist Zeit aufzuräumen." (Nehmen Sie den Timer zu Hilfe, falls nötig.) Oder: „In einer halben Stunde gibt es Abendbrot. In 15 Minuten zieht ihr bitte den Schlafanzug an." – „In einer halben Stunde fahren wir zum Termin. In 15 Minuten ziehst du bitte Jacke und Schuhe an." Je öfter Sie gleiche Zeitabstände nennen, umso mehr verinnerlichen Kinder, wie lange sich 30 Minuten und 15 Minuten anfühlen.

Ein gestresstes „Jetzt, geht es los, lass die Spielsachen liegen, zieh dich an!" ist eine komplette Überforderung fürs Kind und lässt viel Unruhe entstehen, die Sie zum Schluss mehr Arbeit, Nerven und Zeit kostet als eine zur Routine gewordene „Vorwarnungszeit".

# Persönliche Ruheräume im Alltag

Am besten gelingt es, auf allen Ebenen Ruhe zu verbreiten, wenn Sie Ihre persönlichen Ruhemomente bewusst wie einen Termin im Kalender einplanen.

Nun sagen Sie sich vielleicht: „Ich möchte hier in meinem Haushalt ordentlich anpacken und Dinge verändern und die Frau redet von Schlafen und Ruhen, da schafft doch keiner was."

Eine sehr weise vielfache Mutter gab mir einen der wichtigsten Tipps für eine gute Geburt: Nicht die Wehen sind das Wichtige, sondern die Pausen dazwischen. Komme da gut zur Ruhe und du wirst genug Kraft für die Wehe haben.

Auch im Alltag sind die Ruhephasen sehr wichtig, um wirklich dauerhaft leistungsfähig zu sein. Geben wir uns selbst nicht genug Zeit zum Auftanken, dann können wir nur sprinten und hinfallen, uns wieder aufrappeln und wieder lossprinten, bis wir irgendwann dauerhaft liegen bleiben, da wir nicht mehr die Kraft zum Aufstehen haben. Gott hat mich mit so einigen gesundheitlichen Problemen bestückt, doch anders hätte er mich wohl nie aus dem Sprintmodus geholt. Sie glauben nicht, wie oft ich gesprintet und gefallen bin, bis ich mein Leben umstrukturiert habe, um zum Langstreckenläufer zu werden.

Die wichtigste Ruhephase am Tag ist in meiner Prioritätenliste die Stille Zeit. Damit beginnt mein Tag und damit endet er. Das muss nicht extrem lang sein, aber Ruhe ist dafür nötig.

## Jesus ist hier das beste Beispiel:

---

Am nächsten Morgen ging Jesus allein an einen einsamen Ort, um zu beten. Später suchten ihn Simon und die anderen. Als sie ihn gefunden hatten, sagten sie zu ihm: „Alle fragen nach dir."

Markus 1,35-37

---

Das ist nur ein Beispiel dafür, dass Jesus eine Pause macht und betet, obwohl wirklich bedürftige Menschen Schlange stehen und nach ihm gefragt wird. Er ist der kompetente Mann für diese Situation. Menschen wollen geheilt werden und nur er kann das tun. Trotzdem weiß er, wie wichtig das Gebet für seinen Auftrag ist. Er lässt sogar bedürftige Menschen ungeheilt zurück.

Wir denken doch oft: „Ich muss noch so viel erledigen, ohne mich geht's nicht. Da habe ich keine Zeit, zu beten oder zum Gottesdienst zu gehen." Ein-, zweimal wird es vielleicht nicht groß auffallen, doch auf lange Sicht wird Ihr Glaubenstank und die Beziehung zu Gott leer werden. Diese Leere füllt sich mit einer Unruhe, die sich auf Ihre Erziehung und selbst auf Ihre Arbeit im Haushalt auswirkt.

Gott selbst hat bei der Schöpfung einen Ruhetag eingebaut. Das war kein Zufall!

Unsere kleine Dorfkirche hat eine schöne Tradition. Am Samstagabend um 18:00 Uhr läuten die Kirchenglocken den Sonntag ein. Ich gebe mir, seit wir dort wohnen, Mühe, schon am Samstag mit meiner Hausarbeit fertig zu sein und alles für den Sonntag so weit vorbereitet zu haben, dass ich nach dem Gottesdienst nur noch wenige Handschläge tätigen muss. Es ist nicht nur schön, einen ruhigen Samstagabend zu haben, sondern es gibt einem Vorlaufzeit, um ruhig für Gottes Botschaft und die Selbstreflexion zu werden. So kommt man innerlich ruhig im Sonntag an. Nichts ist stressiger, als in Gedanken noch die halbe Küche mit in den Gottesdienst zu nehmen.

Auch Kinder kommen durch regelmäßige stille Momente am Morgen und am Abend zur Ruhe. Ein Dankgebet lässt Kinder selbst nach einem stressigen Tag positiv reflektieren und ein Bittgebet nimmt Ängste. Eine gute Beziehung zu Gott gibt Ihrem Kind die Möglichkeit, Ruhe zu finden, selbst wenn Sie mal nicht die Kraft oder Möglichkeit haben, dafür zu sorgen.

# Kalender

Zur guten Zeitplanung gehören auch ein oder mehrere Kalender.

Ich habe auf unterschiedliche Arten versucht, mein Terminchaos zu organisieren. Erst analog, dann digital. Ich stellte fest, dass alles Vor- und Nachteile hat, selbst die Verbindung von beidem, da bei der Übertragung häufig Fehler passieren. Aus einem Mix aus beiden Varianten bin ich trotzdem geblieben, allerdings setze ich zuerst auf Analog. Denn allein durch das Aufschreiben mit der Hand prägt sich vieles ein. Meine Jahresübersicht notiere ich auf ein Whiteboard. Es hilft, die Woche dann noch einmal aufzuschreiben oder für jedes Kind ein separates Board zu haben.

Damit ich den Kalender auch unterwegs immer parat habe, trage ich alle Termine auch digital ein. Obwohl ich Taschenkalender mag, habe ich meinen perfekten noch nicht gefunden. Der muss leider erst noch erfunden werden.

Geburtstage lasse ich mir von meinem digitalen Kalender melden, damit sie nicht im Wirrwarr von Terminen untergehen.

Ich muss zugeben, dass ich gerne Neuheiten ausprobiere wie Sprachassistenten oder Smartwatches. Ich liebe einfach Dinge, die den Alltag erleichtern und messbar machen. Meine Smartwatch hat mein Zeitmanagement revolutioniert, da die besten Timer und Erinnerungsfunktionen nicht helfen, wenn sie in einem anderen Raum oder der Handtasche klingeln. Ich genieße es, mir meine Kalender und meine To-do-Liste morgens von meiner Sprachassistentin vorlesen zu lassen. Das kleine Surren am Arm führt dazu, dass ich die Erinnerungen auch wirklich höre. Meine kleinen Helfer waren ihr Geld wert, auch wenn ich mich manchmal wie Knight Rider fühle, der sein Superauto KITT ruft. Aber bei all den technischen Spielereien merke ich immer wieder, dass mir das Analoge genauso wichtig ist. Denn es gibt einfach keine gute digitale Jahresübersicht. Dafür haben wir jetzt eine Whiteboard-Variante in der Küche.

Haushalt praktisch

# Aufräumen und Aussortieren

Ein strukturierter Haushalt beginnt mit dem Aufräumen und deshalb steht ganz am Anfang das Aussortieren. Alle, die „Das ultimative Familienwohnbuch" kennen, wissen, dass es sich hier nicht um ein bisschen Aussortieren handelt, sondern um ein sehr grundlegendes Umdenken und Umstrukturieren.

An dieser Stelle überschneiden sich die Bereiche „schönes Wohnen" und „strukturierter Haushalt" in der Gemeinsamkeit des strukturierten Wohnens.

Bevor wir also an das einfache Aufräumen gehen, das die Grundvoraussetzung für ein effizientes Putzen ist, sollten die Gegenstände, die Sie dafür hin und her räumen müssen, reduziert werden. Denn Gegenstände, wo auch immer Sie sie hin- oder wegräumen, müssen ständig gepflegt, geputzt, geschoben und aufgehoben werden.

Je weniger Sie haben, umso weniger müssen Sie instand halten.

## Die Grundregeln für gutes Aussortieren:

1. Planen Sie VIEL Zeit ein. Wenn Sie konsequent aussortieren, brauchen Sie ungefähr ein halbes Jahr. Als Mutter mit Kindern, Haushalt und Sonstigem brauchen Sie realistisch gesehen eher ein Jahr.

2. Diese Zeit wird „entgiftend" auf Sie wirken und Sie werden parallel auch Ihr Inneres ausmisten. Planen Sie deshalb nebenbei auch Zeit ein, um sich besser mit Ihren persönlichen Stolpersteinen auseinanderzusetzen, sich Rat und Hilfe anzulesen oder zu holen. Rechnen Sie mit so einigen Frustrationsmomenten, in denen Sie aufgeben möchten.

3. Sortieren Sie nach Kategorien, nicht nach Räumen, und unterschätzen Sie nicht das Sortieren digitaler Besitztümer.

4. Schließen Sie erst das Sortieren vollständig ab, um dann umzustrukturieren und nach Kategorien zu bündeln. Das Neustrukturieren kann auch noch einmal bis zu einem halben Jahr dauern.

Sie können parallel am Zeitmanagement arbeiten und herausfinden, wie lange Sie für die einzelnen Aufgaben brauchen (eine Übersicht zum Eintragen finden Sie auf S. 61). Mit wirklichem Gewinn werden Sie die folgenden Haushaltstipps erst dann nutzen, wenn Sie sich räumlich äußerlich und seelisch innerlich sortiert haben. Tun Sie das nicht, hilft ein strukturierter Haushalt nur symptomatisch.

# Ohne Fleiß kein Preis!

Dieses Umstrukturieren ist ein Prozess, der viel Geduld, Fleiß und Disziplin erfordert. Ich kann Ihnen aber versprechen, dass am Ende Abläufe mit einer selbstverständlichen Gewohnheit entstehen, die Ihnen eine Zufriedenheit schenken, die sich ganz praktisch auf Ihr Leben auswirkt. Es ist ein Zusammenspiel von guter Struktur und innerer Zufriedenheit, die sich ständig gegenseitig befruchten und Ihnen Energie schenken, die Sie nicht für möglich gehalten hätten.

Ich muss Ihnen an dieser Stelle jedoch ganz realistisch den Zahn ziehen, dass diese Dinge leicht und schnell zu haben sind. Es geht einfach nicht ohne Geduld, Fleiß und Disziplin.

Um meinen eigenen Haushalt zu strukturieren, habe ich über ein Jahr außen und innen sortiert und brauchte dann noch mal ein Jahr, um meinen Haushalt so umzustrukturieren, dass die Systeme zu selbstverständlichen Gewohnheiten geworden sind.

Das soll Sie nicht erschrecken, sondern Ihnen nur ein realistisches Bild vor Augen malen. Und es soll Ihnen den Druck nehmen, in kurzer Zeit überwältigende Ergebnisse zu erwarten. Bereiten Sie sich auf viele kleine Schritte vor. Und freuen Sie sich über jeden Schritt, den Sie erfolgreich gemeistert haben.

In Ihrem Beruf haben Sie ja auch intensive Lehrjahre gehabt und Fortbildungen besucht. Das können Sie auch immer wieder in Ihrem Beruf als Hausfrau einplanen. Wie ein Garten, so wächst und verändert sich auch ein Haushalt ständig.

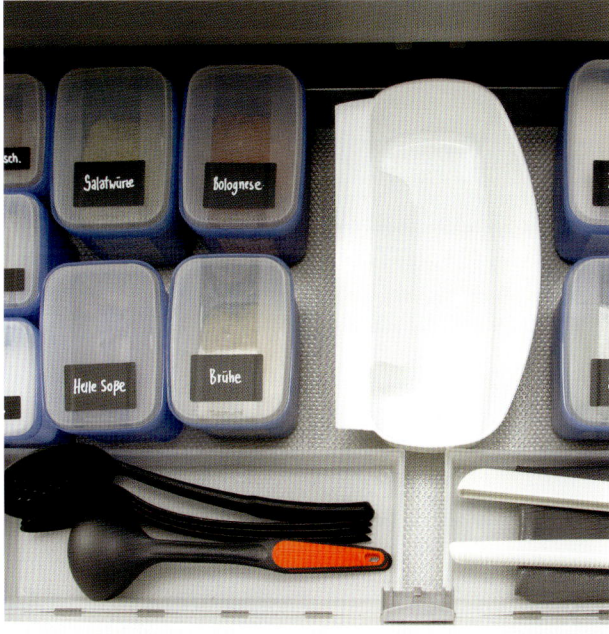

# Aufräumen

Um eine Basis zu schaffen, die einfach aufzuräumen und sauber zu halten ist, gehen Sie in folgenden Schritten vor:

## Konsequent aussortieren

**Übrig gebliebene Dinge neu sortieren – gruppieren Sie alle in Kategorien.**
Das bedeutet, dass nicht alles über die gesamte Wohnung verteilt ist, sondern an einem Ort alle CDs sind, an einem Ort alle Handtücher …

**Alles braucht einen Platz.** Vom Schulranzen bis zu Telefonlisten. Gibt es Dinge, die keinen festen Platz haben, dann fliegen diese herum und ziehen wie ein Magnet noch mehr Dinge an.

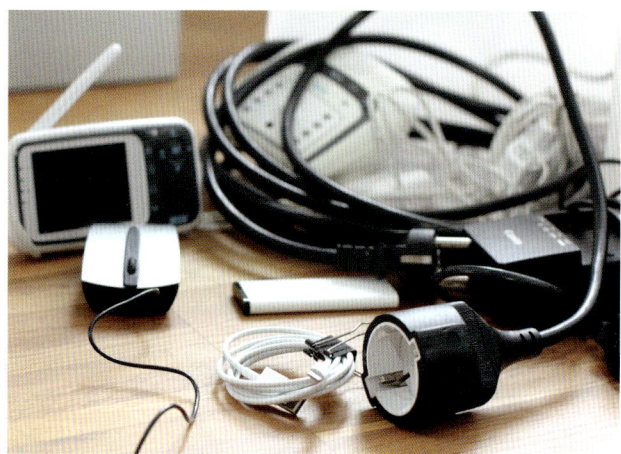

**Verstauen Sie so viel wie möglich hinter geschlossenen Türen.**
Je weniger offene Regale Sie haben, umso weniger müssen Sie abstauben und immer wieder zurechtrücken. Schuhe und Jacken im Flur können zum Beispiel in einen Schrank. (Es reichen ein paar Haken für eine Jacke pro Person, der Rest kommt in den Schrank.) Besonders kleine Kinder neigen dazu, mehr Dinge herauszuholen, in der Wohnung zu verteilen und nicht wegzuräumen, wenn sie diese immer vor Augen haben und sie zu leicht zu erreichen sind. Das fördert die kreative Chaos-Energie. Selbst der Fernseher wird seltener benutzt, wenn er nicht sichtbar in einem Schrank steht.
Außerdem können Sie Dinge auch mal schnell nicht so hübsch sortiert in den Schrank stopfen, da man es nicht sieht. Ein Raum sieht gleich wesentlich aufgeräumter aus, wenn Sie Schränke statt Regale benutzen.

**Kommoden vermeiden**
Es gibt tolle Schränke, die im unteren Bereich Schubladenauszüge haben. Kommoden benutze ich nur unter Schrägen oder in engen Räumen, um Stauraum zu schaffen, aber im Blickfeld nicht einzuengen. Kommoden und Sideboards haben nämlich die lästige Eigenschaft, viel Ablagefläche zu bieten, auf die dann auch dem Namen entsprechend andauernd „abgelegt" wird. Je weniger Ablagefläche es gibt, umso eher räumt man Gegenstände direkt weg.

**Alles in die Höhe**
Je weniger auf dem Boden und auf Ablageflächen steht, umso einfacher lässt es sich aufräumen und putzen. Also statt Stehlampen lieber Wandlampen. (Auch toll am Bett, es befreit die Ablagefläche.)

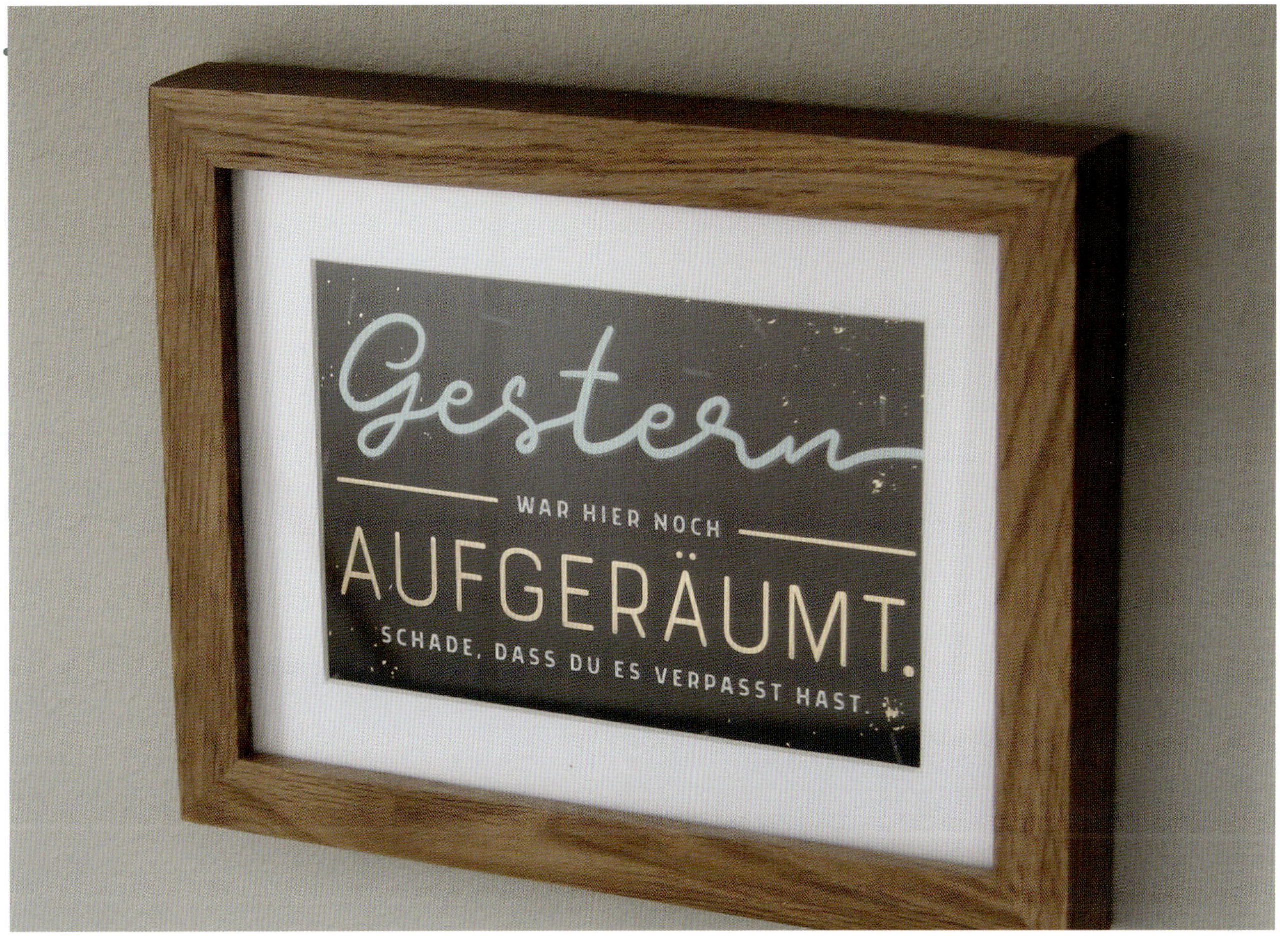
Gestern
WAR HIER NOCH
AUFGERÄUMT.
SCHADE, DASS DU ES VERPASST HAST.

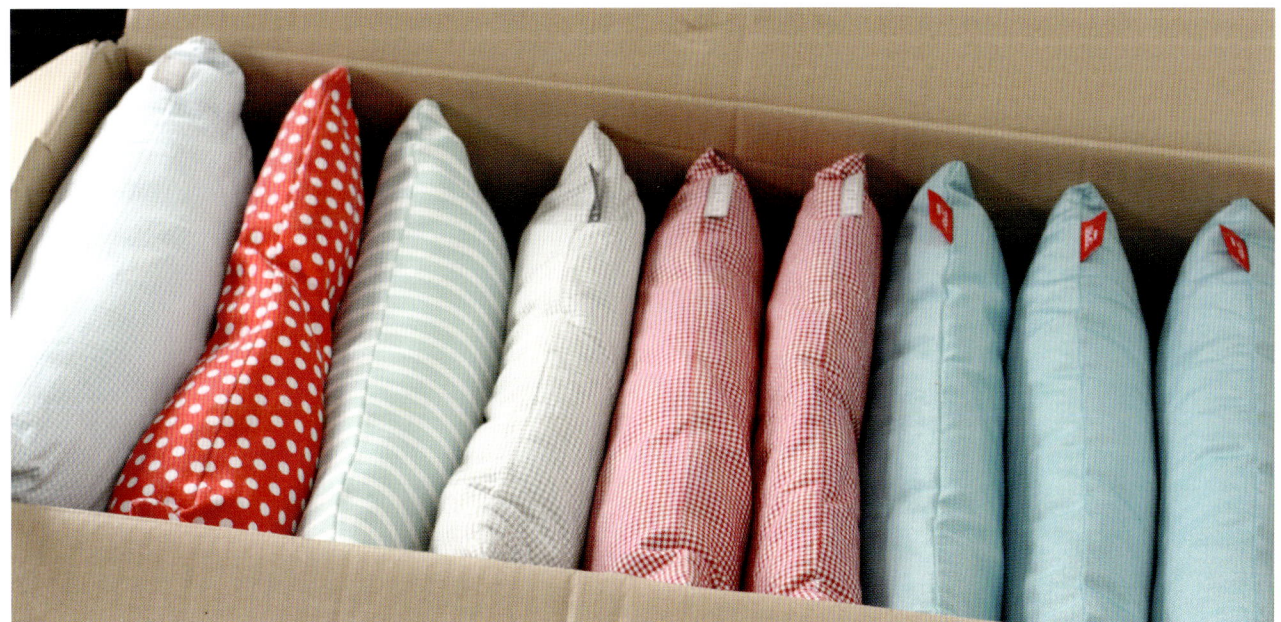

Statt Deko auf dem Boden (Laternen, Bodenvasen) lieber von der Decke hängen. Statt Deko und viele Blumen auf Tischen und Ablageflächen lieber Deko an der Wand in Form von Bilderrahmen mit Fotos von schönen Sträußen oder bedruckte Leinwände, die auch jahreszeitlich wechseln können. Lieber ab und zu ein paar Kissen wechseln, das ist wesentlich effektvoller als „Kleinkram-Gedöns", das nur hin und her geschoben wird und dauernd vollstaubt.

### Auf hellen Möbeln sieht man weniger Staub.
Er ist natürlich genauso vorhanden, aber fällt nicht so schnell ins Auge.

### Auf Kindersicherheit achten
Ich habe bis zum 5. Kind nie Schubladensicherungen gebraucht, doch nun ist bei uns alles verschlossen. Anfangs fragte ich mich, warum es bei allen anderen Kindern geklappt hat. Einerseits ist es die individuelle Neigung unserer 5. Tochter, alles gründlich zu untersuchen, und ihre Freude am Ausräumen. Es liegt aber auch an meiner geringeren Aufmerksamkeit, die aufgrund der wesentlich größeren Haushaltslast und abnehmender Konzentrationsfähigkeit (aus Altersgründen …) nachlässt. Auch wenn die Schubladensicherungen nerven, freue ich mich, nicht andauernd Machtkämpfe austragen zu müssen wie bei all den anderen Kindern. Denn ganz ehrlich, das „Nein. Nein. Nein" kann man auch an einer Beispielschublade mit ungefährlichen Gegenständen ausprobieren, wenn man unbedingt will. Es spart einem viel Nerven, wenn man nicht immer so aufmerksam sein muss. Ich halte es für sehr wichtig, dass besonders das Kinderzimmer ein kindersicherer Raum ist. So kann man in ganz schwachen Momenten auch mal als Mutter auf dem Boden ein Nickerchen machen.

### Immer etwas Luft in den Schubladen lassen
Ist alles zu vollgestopft, dauert es länger, Dinge wegzuräumen.

### Unterteilen Sie den Schrank mit zusätzlichen Regalböden.
So können Sie besser Dinge verstauen, als wenn Sie alles übereinanderstapeln. Vermeiden Sie es auch, im Schrank viel voreinanderzustellen. Ständiges Hin- und Herschieben macht Abläufe langsamer.

### Sortieren Sie Kleinkram in Minischubladen.

### Beschriften Sie möglichst viel.

### Nutzen Sie Seitenwände oder die Innenseiten der Schranktüren zum Aufhängen von Gegenständen.

### Optimieren Sie einen Raum so, dass es nur 5–10 min dauert, ihn aufzuräumen.

# Aufräumen mit Kindern

Helfen Sie regelmäßig beim Entsorgen und Aussortieren. Kinder sind kleine Messies. Sie lieben es, zu sammeln und zu horten. Stellen Sie Ihre persönlichen Regeln auf. Denn je größer die Anzahl der Kinder wird, umso stärker müssen Sie das Haus vor dieser Sammelleidenschaft schützen.

Einige Beispiele: Stöcke und Steine findet man draußen und sie gehören auch nach draußen, es sei denn, sie werden Teil eines konkreten Bastelprojektes. Unnützes Spielzeug sollte gar nicht erst angeschafft werden. Ich glaube, dass es ein Extra-Gericht am Jüngsten Tag für Umweltsünder wie die Ü-Eier-Erfinder gibt. Bringen Sie Ihrem Kind früh Nachhaltigkeit bei und bitten Sie auch Großeltern von kurzen Glücksmomenten, die viel Müll produzieren, Abstand zu halten.

Gebasteltes bekommt einen besonderen Moment an einer Pinnwand oder Ähnlichem, muss aber nicht noch Generationen später vollstauben. Legen Sie sich Kisten oder Ordner für jedes Kind an, in denen Sie die besten Sachen sammeln. Auf Gegenstände, die wahllos herumliegen, weise ich allerhöchstens dreimal hin, dann gehören sie mir. Klingt gemein, ist aber spätestens ab dem 4. Kind notwendig, sonst sammeln sich Müll und Kram ins Unermessliche an. Wenn es Ihrem Kind wichtig ist, dann räumt es das auch schnell weg. Sie kennen Ihr Kind am besten und wissen, worauf Sie es nochmals hinweisen sollten. Bei unwichtigem Kleinkram (wie Ü-Eiern oder dem 100. Ausmalbild) frage ich gar nicht mehr. In den letzten 3 Jahren habe ich unter tausend Dingen eine Sache weggeschmissen, nach der gefragt wurde. Und diese eine Sache war auch kein Drama.

Alles muss einen Platz haben. Diese Regel ist besonders in Kinder- und Spielzimmern unglaublich wichtig. Und es müssen Orte sein, die auch für Kinder gut zu handhaben oder auch manchmal bewusst nicht zugänglich sind. Können Ihre Kinder mit einer zu großen Vielfalt nicht umgehen und reißen alles aus dem Schrank, schaffen es aber noch nicht, es wieder einzusortieren, dann lohnt es sich, das Spielzeug zu verschließen. Räumen Sie es so weg, dass die Großen es selbstständig benutzen können, die Kleinen aber altersgerechtes und portioniertes Spielzeug erhalten.

Das Sortiersystem fürs Spielzeug habe ich in den vergangenen Jahren immer weiterentwickelt. Heute ist es in Schränken untergebracht. Durch die geschlossenen Türen ist es ziemlich egal, wie es drinnen aussieht.

Die Spielzeug-Boxen haben Clip-Griffe, die die Deckel festhalten und somit auch gut auf Reisen mitgenommen werden können. Unterschiedliche Boxen helfen beim besseren Sortieren. Im unteren Bereich habe ich ein Regal frei gelassen, sodass dort etwas Gebautes hineingestellt werden kann. Manchmal bauen die größeren Kinder dort direkt etwas auf, zum Schutz vor den kleinen „Godzilla-Geschwistern". Die Schranktüren haben eine Kindersicherung, so kann ich kontrollieren, wie viel ausgeräumt wird. Dafür haben wir eine Regel aufgestellt: Neues Spielzeug wird erst dann herausgeholt, wenn das alte weggeräumt ist. Das schützt Ihr Kind vor einer Überforderung beim Aufräumen.

Lego und Kleinteile sind ein Thema für sich. Es ist sehr praktisch, wenn man das Spielzeug direkt auf einer Bürostuhlunterlage ausbreitet. Darauf lässt es sich auch besser bauen als auf Teppich. Die Unterlage kann man dann wie ein flexibles Schneidebrett hochheben und alles trichterförmig in die Kiste zurückschütten. Oder Sie nehmen einen sauberen Handfeger und ein Kehrblech und fürs Grobe einen Wischer ohne Tuch. Auch dieser Spielteppich ist eine tolle Erfindung und dafür gibt es einfache Nähanleitungen im Internet.

# Weniger ist mehr

Natürlich gilt auch beim Aufräumen für Kinder: Je weniger Spielzeug und je strukturierter sortiert, umso besser. Beobachten Sie Ihre Kinder. Womit wird wirklich konzentriert und über einen längeren Zeitraum gespielt? Können Sie nicht nur die Menge, sondern auch komplette Sorten der Spielsachen verringern?

Schauen Sie bei den Mengen, ob wirklich 20 Kuscheltiere nötig sind oder ob nicht zwei pro Kind reichen. Müssen es 10 verwahrloste Barbies sein oder reichen auch 4 gut gepflegte? Kann dann sogar eine komplette Sorte Spielzeug verschwinden?

Als Kind habe ich mit meiner Freundin ständig Pferde und Ponys gespielt (Immenhof lässt grüßen). Wir schrubbten den armen Apfelbaum im Garten mit Stahlbürsten und sattelten die Äste, um auf große Abenteuerausritte zu gehen. Also besorgte ich 4 Plüschpferde mit Galoppgeräuschen, Striegelzubehör und Reiterhelme für jedes Kind. Wir schauten uns die Immenhof-Filme an und ich war mir sicher, dass eine ganze Reiterhorde für Monate durch die Flure unserer Wohnung ziehen würde. Dem war leider nicht so, die Dinge standen ständig ungenutzt im Weg.

An vielen Spielsachen hängen häufig das nostalgische Herz der Eltern und der finanzielle Taschenrechner mehr als das Spielverhalten der Kinder. So reiten nun begeisterte Kinder, die nicht meine sind, auf diesen Pferden und erfüllen Sinn und Zweck dieses Spielzeugs.

Obwohl wir lauter Mädchen haben, dachte ich immer an eine neutrale Erziehung und an Besucher mit Jungs. Deswegen hatte ich eine Riesenkiste voller Autos, einen Spielteppich mit Straßendruck und ein komplettes Heimwerker-Set, das laute, nervige Geräusche machte. Doch auch das interessierte meine Töchter nicht. Ich schaute mir die gut genutzten Kategorien an und entschied, dass Duplo, Lego und Playmobil unisex sind.

Grundsätzlich muss man sich fragen, ob unsere Kinder alle Sorten von Spielzeug, mit denen sie gerne spielen, auch besitzen müssen. Reicht es vielleicht auch, dass es Spielzeug gibt, was nur bei Freunden vorhanden ist und somit den Spielbesuch woanders interessanter machen kann?

Es ist schwer, hochwertiges Spielzeug auszusortieren, aber eine geringere Auswahl an Spielsachen kann für Eltern und Kinder sehr befreiend sein.

# Ihr Kinderlein, helfet

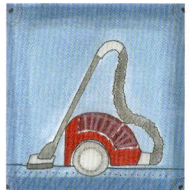  

Wie motiviere ich Kinder dazu, im Haushalt mitzuhelfen? Morgens hängen bei uns schon für jedes Kind an einer Tafel selbst designte Magnete mit Aufgaben für diesen Tag. Das ist ein weiterer Punkt, an dem ich Kommunikation an eine neutrale Instanz abgebe. Denn so bin nicht ich es, die die Aufgaben ausspricht, sondern die Tafel zeigt sie an. Natürlich muss zwischendurch kontrolliert werden, ob die Arbeit erledigt wurde, aber auch das braucht keine Dauer-Nörgel-Schleife.

Nun können Sie überlegen, ob Sie Aufgaben wochenweise verteilen, was ich eher bei großen Kindern empfehle, oder tageweise, was für Sie mehr Organisation und Aufmerksamkeit bedeutet, aber bei kleinen Kindern zu empfehlen ist, da für sie eine Woche eine halbe Ewigkeit darstellt, die kaum zu überblicken ist.

Damit Aufgaben und Diensteifer nicht nur negativ besetzt sind, gibt es auch „Belohnungsmagnete". Das sind bei uns z.B. Süßigkeitentag, Filmabend, Frisierzeit (ich habe lauter Mädchen) und der Kuscheltag, an dem ich mir beim Zubettgehen besonders Zeit für nur ein Kind nehme und ihm noch etwas vorlese oder wir noch miteinander reden. Es ist nämlich sehr schwierig, bei so vielen Kindern Zeit für ungeteilte Aufmerksamkeit zu finden. Am Kuscheltag machen wir gemeinsam unsere Abendandacht nach dem Abendbrot am Tisch, und wenn alle im Zimmer verschwunden sind, gehört meine volle Aufmerksamkeit einem Kind. Stört ein anderes Kind mit Absicht, fällt der eigene Kuscheltag flach. Das ist in vier Jahren nur zweimal passiert. Hier muss es sich nicht um Stunden handeln, sondern nur um die Phase vorm Einschlafen. 30 Minuten können da schon genügen.

# Lass uns singen!

Beim Aufräumen habe ich einen speziellen Dienst erfunden: den Korbdienst. Am Abend heißt es: „Es ist so weit: Aufräumzeit", und jeder räumt seine Sachen weg. Es gibt dafür auch nette Aufräumlieder.

Ich gebe den Kindern knackige 15–20 Minuten, stelle dafür auch den Timer und dann beginne ich eines der Aufräumlieder zu singen. Hier beginnen die Kinder dann zu laufen, denn wenn es endet, beginnt ein Kind mit einem Korb durch alle Räume zu gehen und alles einzusammeln, was liegen geblieben ist. Das schult die Kinder, nicht nur im Kinderzimmer aufzuräumen, sondern sich auch umzuschauen und zu bemerken, wo es überall etwas stehen und liegen gelassen hat. Es sensibilisiert die Kinder etwas für ihren Chaosradius, den sie hinterlassen. Dann wird geschaut, wer am wenigsten liegen gelassen hat, der bekommt einen Stern. Ich habe mich bewusst fürs Belohnen entschieden. Es gibt zwar Studien, die zeigen wollen, dass Belohnungen dazu führen, dass Kinder nur noch Gutes tun, wenn eine Belohnung in Aussicht steht. Doch ans Gewissen der Kinder zu appellieren und Aufräumen als eine Selbstverständlichkeit zu vermitteln, habe ich versucht – und bin kläglich gescheitert. Denn wenn wir ehrlich sind, machen wir auch Arbeit mit Belohnung lieber als ohne. Deshalb habe ich mich dazu entschieden, am Ende des Monats die Sterne zusammenzuzählen und eine kleine Überraschung an den besten Aufräumer zu verteilen. Da ich jedoch meine Kinder zu sozialem Miteinander und nicht zum Konkurrenzverhalten erziehen möchte, habe ich mir noch etwas ausgedacht: Haben alle Kinder die gleiche Anzahl von Sternen, dann gibt es eine größere Überraschung (wir gehen schwimmen, oder alle bekommen eine schöne Kleinigkeit). Das spornt die Kinder dazu an, sich gegenseitig zu helfen und auf liegen gebliebe Dinge hinzuweisen. Sie werden es kaum glauben, aber es hat nur einmal den Fall gegeben, dass nur einer eine Überraschung bekommen hat. Sonst haben immer alle zusammengehalten und sich geholfen.

1, 2, 3, das Spielen ist vorbei.
4, 5, 6, aufgeräumt wird jetzt.
Alle Kinder räumen ein,
ganz egal, ob groß, ob klein.
1, 2, 3, das Spielen ist vorbei!
(zur Melodie von „A, B, C, die Katze lief im Schnee")

Unsre Spielzeit ist zu Ende,
aufgeräumt wird jedes Spiel,
und wir helfen zusammen,
dann wird's keinem zu viel!
(zur Melodie von „Kommt ein Vogel geflogen")

Alle Kinder räumen auf,
alle Kinder, alle.
Kommt, wir helfen alle mit,
ob allein, zu zwei oder dritt.
Alle Kinder räumen auf,
Mädchen wie auch Jungen.
(nach der Melodie „Alle Vögel sind schon da")

# Aufräumsong
### Kurzfassung

Text: Andrea Otto

Musik: Konstantin Mey

Hier können Sie sich das Lied anhören: www.scm-verlag.de/familien-haushaltsbuch

# Gut gesaugt ist halb gewischt

Ich muss gestehen, dass ich recht selten wische. Ein pflegeleichter Boden ist dabei von Vorteil. Dafür sauge ich täglich Staub, im Essbereich auch nach jedem Essen. Unglaublich viel Zeit können Sie bei einer „staubsaugerfreundlichen" Wohnung sparen. Ich liebe meinen schnurlosen Sauger. Den gibt es mittlerweile in den unterschiedlichsten Preiskategorien. Unsere Pfarrwohnung ist ein bisschen in die Jahre gekommen und hat dementsprechend wenige Steckdosen. Da ist der schnurlose Sauger ein Segen. Seitdem ich den Sauger habe, brauche ich nur noch ein Drittel der Zeit zum Saugen, weil man damit wesentlich wendiger ist. Außerdem können die Kinder ihn auch leichter benutzen. Da die meisten schnurlosen Sauger auch schnell zum Handsauger werden, sind sie vielseitig einsetzbar. Selbst das Auto zu saugen, geht damit viel schneller.

Vor Kurzem habe ich unser „Staubsaugerleben" auf ein neues Level gebracht mit Roberto, unserem rosa Saugroboter. Er braucht zwar wesentlich länger, doch mein Motto lautet: Er saugt besser als ich, wenn ich gar nicht sauge. Die Zeit wird immer knapper. So habe ich es mir zur Angewohnheit gemacht, meinen Tag mit Aufräumen zu beginnen, ein paar Stühle hochzustellen und Roberto seine Runden drehen zu lassen. Er kann auch wischen. Ich hege sehr warme Gefühle für meinen neuen Gefährten, der als Überraschungskandidat unter den günstigen Modellen gilt. Auch meinem Mann ist er ans Herz gewachsen, als ich drei Wochen krankheitsbedingt komplett ausfiel.

## Was Sie beachten sollten:

- Ein Roboter bückt sich nicht und hebt Kleinkram auf. Ich warne meine Kinder immer, dass Roberto Dinge einsaugt. Spätestens nach den ersten Missgeschicken und Tränen sind sie sehr motiviert aufzuräumen. Es ist ein Lernprozess. Aber auch hier gilt: Man gibt Verantwortung ab. Kinder räumen eher für eine Haushaltshilfe oder einen Roboter auf als für die ständig nörgelnde Mutter. Der Satz „Räum bitte auf, heute Nacht saugt Roberto" motiviert mehr als „Räum bitte auf, ich werde gleich saugen." Denn Mama kann sich ja bücken.
- Er saugt auch unter niedrigen Möbeln. Sehr schön, wenn er unter unser 2,4 m breites Riesenbett fährt. Da konnte ich früher nur saugen, wenn mein Mann die Lattenroste hochnahm.
- Er mag keinen Kabelsalat. Deswegen binde ich zum Beispiel unter Betten die Kabel mit Kabelbinder an Lattenroste fest oder verstecke Kabel hinter Fußbodenleisten.
- Gardinen nicht bodenlang, sondern 5 cm über dem Boden kürzen. So sammelt sich auch weniger Staub.
- Ich schließe lieber die Türen und lasse Raum für Raum saugen, um sicherzugehen, dass es auch gründlich ist und er auch hinter den Türen saugt. Er ist halt günstig und hat keine eigene „Raum für Raum"-Funktion.

# Blitzeblank

Bevor ich nun das Was, Wie und Wo zum Thema Putzen beleuchte, möchte ich die Womit-Frage beantworten. In Deutschland werden pro Jahr 220 000 Tonnen Putzmittel benutzt. Deswegen hat die Frage, womit ich putze, einen großen Einfluss auf Umwelt und Nachhaltigkeit. Es fängt schon beim Putzlappen an. Ich vermeide Wegwerf-Produkte. Und da kann man schon beim Mundabwischen Ihres Kindes beginnen. Viele haben auf dem Tisch immer ein Rolle Papiertücher stehen. Der gute alte Wachlappen ist da wesentlich umweltfreundlicher. Haben Sie einen empfindlichen Tisch, legen Sie ihn griffbereit auf einen Teller.

Aber nun zum Putzen der Wohnung. Hochwertige Lappen, die Sie bei 60° waschen können, haben eine sehr lange Lebensdauer. Ob Mikrofaser, Viskose- oder Abledertuch, die Auswahl ist groß. Ist es ein hochwertiges Produkt, dann sind die Mikrofaserborsten abgerundet und zerkratzen Ihnen auch nicht die empfindlichen Oberflächen. Ein hochwertiges Tuch erspart aufgrund seiner Effizienz beim Putzen auch viel Putzmittel. Gut fürs Grundwasser. Nachhaltige Putzmittel sind nicht nur unglaublich sparsam zu dosieren und umweltverträglich, sondern liefern ein tolles Ergebnis. Firmen wie Jemako, proWIN und Ha-Ra sind Beispiele für die hochwertigeren auf dem Markt, maxxi clean und aquaclean die eher günstigeren Marken und eine gute Einsteigervariante für den kleineren Geldbeutel. Doch wenn es Ihnen irgendwie finanziell möglich ist, würde ich direkt mit den hochwertigeren beginnen und nach und nach Ihre alten Produkte ersetzen. Auch wenn Sie mit vielen Wegwerfprodukten schnelle Ergebnisse erzielen mögen, ist es immer eine Zukunftslast, die wir unseren Kindern aufbürden.
Um Billigprodukte aus dem Ein-Euro-Laden mache ich einen Bogen. Es ist China-Billigware, die der Umwelt, Ihren

Möbeln und Ihren Händen mehr Schaden antun. Einige der hochwertigen Firmen produzieren in Deutschland oder Europa, und da sie das Konzept des Direktvertriebs haben, ermöglichen sie vielen Müttern flexible Jobs. Die meisten Firmen arbeiten mit unterschiedlichen Fasern für unterschiedliche Untergründe. Zu Beginn ist es sehr verwirrend. Lassen Sie sich beraten und nehmen Sie sich Zeit für eine Umstellung auf die Produkte. Ich habe langsam über einige Jahre umgestellt, um uns nicht finanziell zu sehr zu belasten und zuerst meine alten Sachen aufzubrauchen. Sehr gut finde ich, dass nachhaltige Firmen zur Müllvermeidung auch mit Nachfüllcontainern arbeiten. Ich habe einige Nachfüllcontainer, die aufgrund der sparsamen Dosierung und der Eigenleistung der jeweiligen Tücher sehr lange halten und auf Dauer gerechnet günstiger sind als die Produkte vom Discounter. Im Anhang werde ich Produkte nennen, die ich gerne benutze. Nicht als Werbung, sondern als Information für alle die, die noch gar nicht mit nachhaltigen Produkten geputzt haben. Außerdem sorgen bestimmte Produkte und Geräte für ein dermaßen gutes und zeitsparendes Ergebnis, das ich auf „herkömmliche Putzweise" gar nicht erzielen könnte.

# Wöchentlicher Großputz

Einmal in der Woche steht bei mir das Großreinemachen auf dem Plan. Dabei gehe ich wie folgt vor:

Am Donnerstag räume ich gründlich auf, wische Staub und sauge gründlich. Teilweise lasse ich den Saugroboter noch mal nachts die Flure abfahren, damit ich am Freitagvormittag direkt mit Putzen loslegen kann beziehungsweise mir helfen lasse. In stressigen Phasen habe ich mir Hilfe geholt. Dabei muss es gar nicht unbedingt darum gehen, jemanden putzen zu lassen und das Haus zu verlassen. Man kann sich auch gegenseitig „zuputzen". Mit einer Putzhilfe kann man auch gemeinsam putzen. Dann ist man selbst auch viel motivierter und schneller. Außerdem kann ich meinen Aufräumtermin am Donnerstag nicht nach hinten verschieben, wenn ich weiß, dass am Freitag jemand kommt und sich das nicht sonderlich lohnt, wenn nicht alles weggeräumt ist.

Zum Staubwischen benutze ich ein weiches, kuscheliges Tuch und meinen gelben Staubwedel (den ich Bibos Laserschwert getauft habe) und für die Decken und Vertäfelungen den Bodenwischer mit einem eingespannten trockenen Tuch.

Am Freitag wird geputzt, damit es zum Wochenende sauber ist.
Ich putze die Bäder, wische die Küchenfronten, Glasplatten und Spiegel ab und wische die Böden.

## Diese Punkte gehören zu meiner Putzroutine

- Badvorleger und Handtücher kommen in die Waschmaschine.
- Zahnputzbecher räume ich in die Geschirrspülmaschine.
- Abflüsse werden mit je einem Päckchen Backpulver und etwas Essig eingeweicht.
- Toiletten weiche ich mit einem Geschirrspültab und WC-Reiniger ein.
- Ich beginne mit einem rauen Mikrofasertuch (das die Oberflächen nicht zerkratzen darf) und Zitronenbalsam (einem Scheuermilchersatz). Ich putze erst das Waschbecken, dann die Bade- und Duschwanne.
- Anschließend fülle ich einen Eimer mit Wasser und etwas Sanitärreiniger und wische die vorbehandelten Oberflächen ab, wieder in der Reihenfolge Waschbecken, Bade- und Duschwanne.
- In einem dritten Schritt nehme ich ein Trockentuch und trockne und poliere die Oberflächen in der gleichen Reihenfolge.
- Fugen reinige ich mit der Fugenbürste und Zitronenbalsam und gelegentlich mit einem Dampfreiniger. Danach wische ich alles mit einem feuchten Tuch ab und reibe mit dem Trockentuch nach.
- Toiletten schrubbe ich mit einer Silikonbürste. Eine Bürste in Herzform kommt sehr gut unter den Rand und kann auch immer wieder hygienisch mit kochendem Wasser gereinigt werden. Mittlerweile gibt es sogar Toiletten ohne Rand. Ein Putztraum!
- Für die Toilette nehme ich einen separaten Lappen, der etwas günstiger ist und sich farblich unterscheidet. Auch einen separaten Putzeimer kann man extra dafür beschriften. Mit ein paar Sprühstößen Sanitärreiniger

auf dem Tuch wische ich die Toilette ab und mit dem Trockentuch nach. Auch diese Tücher gebe ich später mit in die Wäsche. Es gibt viele, die das nicht tun und nur Wegwerfprodukte für die Toilette nutzen. Dazu möchte ich nur anmerken, dass sich mehr Bakterien und Schmutz auf einer Tastatur, der Türklinke oder im herkömmlichen Küchenschwamm befinden als auf der Klobrille. Die meisten Keime befinden sich sowieso im Mund des Menschen und nicht im Allerwertesten. Desinfektionsmittel benutze ich auch nur, wenn bei uns irgendeine Seuche ausgebrochen ist.

- Zum Schluss wische ich den Spiegel und die Fronten der Badmöbel ab.
- Das tue ich nun mit allen Spiegeln, Glasflächen und Fronten in der Wohnung. Da wir davon so viele haben, habe ich einen Fenstersauger angeschafft. Dazu benutze ich einen hochwertigen Glasreiniger mit einem Nasstuch und poliere nach dem elektrischen Abziehen noch mit dem Trockentuch die letzten Rückstände weg. Bei uns gibt es zusätzlich viele horizontale Glasflächen – das mögen viele günstige Fenstersauger nicht und der Motor hat mit der Zeit etwas gelitten. Doch ich kann sagen, dass ich damit nur noch ein Drittel der Zeit brauche.
- Nun kommen die Küchenfronten und Arbeitsflächen an die Reihe. Am Freitag bereite ich deshalb schon nach dem Frühstück das Mittagessen vor, bevor ich mit dem Putzen beginne. Schließlich möchte man seine saubere Wohnung auch länger als 5 Minuten genießen können.
- Für die Spüle und den Herd benutze ich den Zitronenbalsam, der zwar ähnliche Eigenschaften wie eine Scheuermilch besitzt, aber das gute Ceranfeld nicht zerkratzt.
- Ganz zum Schluss wische ich die Böden. Für bückfaule wie mich gibt es Bodenwischer mit Klettsystem.

- Mit einem Mopp wische ich den Boden anschließend trocken nach. Das hat den Vorteil, dass man einerseits hässliche Trockenschlieren vermeidet, und andererseits kann man den Fußboden sofort wieder betreten. Das ist bei ungeduldigen Kinderfüßen einfach Gold wert.

## Tipps für schnelleres Putzen

Für diese Putzaktion brauche ich ca. 2,5 Stunden Zeit bei 150 qm mit 2 Bädern und einem 2-jährigen Kind am Bein. Um schneller putzen zu können, gelten ähnliche Regeln wie beim Saugen. Wenn möglich, Dinge wie Seifenspender an der Wand anbringen. Dann muss man nicht so viel hochheben und wegstellen. Das gilt auch für Deko: reduzieren und wenn möglich an die Wand hängen.

Ein Spiegelschrank im Bad hilft dabei, hundert Zahnbürsten und Becher schnell zu verstauen. Es wirkt gleich viel ordentlicher als offene Ablageflächen und Sie müssen beim Putzen nicht alles immer zur Seite räumen.

Es lohnt sich, eine kurze und knappe Putzliste für das Bad aufzuschreiben und zu laminieren. So kann man auch die Kinder ans Putzen heranführen.

# Putzreihenfolge
# für das Bad:

1. WC einweichen
2. Schrankinhalt in einen Wäschekorb räumen
3. Handtücher und Badvorleger in die Wäsche
4. Staubsaugen
5. Von innen nach außen Schränke auswischen, Fronten, Spiegel
6. Waschbecken: Scheuer-Pad / Lappen / Trockentuch
7. Dusche/Wanne: Scheuer-Pad / Lappen / Trockentuch
8. WC innen: mit der Bürste schrubben
9. WC außen: Scheuer-Pad / Lappen / Trockentuch
10. Boden wischen
11. Trocken nachwischen oder trocknen lassen
12. Alles wieder einräumen

# Putzreihenfolge für die Küche:

1. Aufräumen/Arbeitsflächen leer räumen
2. Ofen: Backofenreiniger einwirken lassen
3. Herd: Scheuer-Pad, Ceranfeldkratzer und Zahnbürste mit Scheuermittel
4. Waschbecken: Scheuer-Pad und Zahnbürste mit Scheuermittel
5. Elektrostandgeräte, Griffe, Dunstabzugshaube, Waschbecken, Herd und zuletzt den Ofen mit einem Lappen mit fettlösendem Reiniger aus- bzw. nachwischen
6. Fronten: Viskosetuch mit fettlösendem Reiniger / nachwischen / Trockentuch
7. Dunstabzugshaube, Edelstahlfronten, Elektrogeräte, Armaturen und Griffe und dann mit einem öligen Edelstahlreiniger nachpolieren
8. Staubsaugen
9. Boden wischen
10. Trocken nachwischen oder trocknen lassen

In längeren Zeitabständen (je nach eigener Toleranz) wische ich die Küchenmöbel, den Kühlschrank und den Backofen von innen aus. Mein Traum wäre ein selbstreinigender Ofen.

# Klare Sicht

## Fenster putzen

Auch hier gilt: Deko reduzieren. Müssen Sie zunächst ein halbes Biotop von den Fensterbänken entfernen, ist die Hürde zum Fensterputzen und auch zum Stoßlüften höher. Eine Pflanze reicht häufig. Sie nehmen sich auch viel Licht durch zu viel Kram auf der Fensterbank.

Ich besitze nur noch künstliche Blumen, die ich vor dem Fensterputzen alle in die Badewanne stelle und dort abdusche. Echte Pflanzen sind mir einfach zu pflegeintensiv. Sie brauchen nicht nur regelmäßig Zuwendung in Form von Wasser, sie hinterlassen auch immer wieder unschöne trockene Blätter auf der Fensterbank. Außerdem sehen sie ohne Blüte und mit abgefallenen Blättern doch eher traurig aus. Es ist für mich eine zeitintensive Sorge weniger. Meine Blumen sehen immer „in Form" aus. Bei künstlichen Blumen sollten Sie jedoch darauf achten, dass sie wirklich echt aussehen und nicht vollgestaubt sind. Deswegen dusche ich sie spätestens bei jedem Dekowechsel.

Die Fenster putze ich alle 3 Monate, bevor ich meine Deko austausche. Dabei ist der Fenstersauger wieder eine großartige Hilfe. Ich brauche damit weniger als die Hälfte der Zeit. Zusätzlich benutze ich ein hochwertiges Nasstuch mit Glasreiniger, wische erst die Rahmen und dann die Fensterscheiben. Mit Fenstersauger ziehe ich die Scheibe ab und mit dem Trockentuch wische ich noch die Rahmen und die Ecken trocken. Sie können natürlich auch einfach nur mit einem Nasstuch und Trockentüchern arbeiten, wenn Sie wenige Fenster haben. Wenn Sie einen Spritzer Essig ins Wasser geben, verleiht das Scheiben einen schönen Glanz.

Es gibt auch zweigeteilte Eimer. In einer Hälfte ist das saubere Wasser, in der anderen das Schmutzwasser.

## Teppiche und Möbel
## reinigen bzw. auffrischen

Mit einem flauschigen Mikrofaser-Schwamm und etwas hochwertiger Gallseife (günstige hinterlässt hässliche Ränder) frische ich gerne Polstermöbel und Teppiche auf. Auch Stühle aus Kunstleder lassen sich mit diesem Schwamm wie mit einem Schmutzradierer bearbeiten und erstrahlen anschließend wieder im alten Glanze. Hartnäckige Flecken entferne ich von Teppichen mit dem Dampfreiniger. Dafür habe ich ein günstiges Gerät ersteigert und es hat mir besonders in schlimmen Situationen wie bei einer Magen-Darm-Grippe sehr geholfen. Nicht nur der Fleck, sondern auch der Geruch verschwindet im Nu, da der heiße Dampf auch desinfiziert.

# Hände hoch, wer gerne wäscht!

## Wäsche waschen

Kennen Sie Sisyphus? Dieser armen Figur aus der griechischen Mythologie fühle ich mich häufig sehr nahe. Sisyphus wurde von den Göttern bestraft und musste einen schweren Stein den Berg hinaufrollen. Kurz vorm Gipfel entglitt ihm jedoch jedes Mal dieser Stein und rollte wieder hinunter ins Tal ...

Zu Beginn der Woche stehe ich vor einem riesigen Wäscheberg. Diesen gilt es zu bewältigen. Doch kaum ist er abgearbeitet, häuft sich schon wieder der nächste Berg. Die Wäsche ist ein Teil des Hausfrauendaseins, mit dem ich sehr hadere. Ich wünschte, ich könnte motivierende Reden schwingen ... Die Wäsche ist jedoch einfach nicht schönzureden.

Wie man mit der Wäsche umgeht, ist abhängig von der Anzahl der Familienmitglieder, von Alter und sportlichen Aktivitäten der Kinder und von der Jahreszeit. Je mehr Kinder man hat, desto mehr Wäsche häuft sich natürlich an. Doch je älter die Kinder werden, desto mehr kann man sie in diese Hausarbeit einbeziehen.

Normalerweise wasche ich alle Kinderkleidung bei 60°, nachdem wir ausführliche Bekanntschaft mit den Plagen aus Schule und Kindergarten gemacht haben. Krätze hielt ich vorher für einen mittelalterlichen Mythos und Läuse sind mittlerweile ja schon salonfähig. Im Wäscheland bricht das absolute Chaos aus, wenn Läuse und Krätze eine Familie befallen. Deshalb wasche ich vorsichtshalber alles bei 60°. So bin ich auch bei der Wäsche, die in den Schränken liegt, auf der sicheren Seite. Einige sensible Teile sortiere ich vorher aus, die kommen in die Handwäsche.

Kleiner Tipp am Rande. Zwei bis drei Tropfen Lavendelöl in der kalten Jahreszeit jeden Morgen in die Kopfhaut einmassiert beugt Läusen vor.

Wäscheberge werden kleiner, wenn Sie Kleidung schützen. Gute Lätzchen, Matschhosen und der immer griffbereite Waschlappen und Taschentücher ersparen Ihnen Schmutzwäsche und fleckige Möbel.

Ich wünschte, ich könnte Ihnen sagen, dass ich in Sachen Waschrhythmus die ultimative Lösung gefunden habe, aber auch ich versuche einfach nur, oben auf der Wäschewelle zu schwimmen.

Ich beginne am Montag mit den meisten Wäscheladungen, um die so ungeliebte Arbeit schnell hinter mich zu bringen. Sonntags wird nur in Krankheitsfällen gewaschen, wenn es sich nicht vermeiden lässt. Ansonsten versuche ich direkt nach den Badetagen der Kinder eine Maschine anzustellen. Jedes Mal wenn ich denke, dass ich nun in einem guten Rhythmus bin, bekommt ein Kind einen Magen-Darm-Virus, überflutet ein anderes seine Windel oder man fährt in den Urlaub und kommt mit Bergen von Wäsche wieder, die man über drei Wochen abarbeiten muss.

Sie sehen, ich finde einfach keinen positiven Bezug zur Wäsche.

Der Duft von
frisch gewaschener
Wäsche ist mein
Ansporn.

# Schön abgebügelt

## Sortieren

Sie können dunkle Wäsche und helle Wäsche sortieren sowie Handwäsche und Kochwäsche. Ich habe angefangen, nach Personen helle und dunkle Wäsche zu sortieren.

Bei mir steht immer ein kleiner Wäschekorb für nasse Putzlappen, Handtücher und Waschlappen bereit, damit die Wäsche bis zum Waschen nicht stockt. Dieser Korb steht dann in der Wäscheschlange immer ganz vorne.

Die Kleidung der kleinen Kinder habe ich zusammengefasst. Ihre Wäsche lege ich zusammen und verteile sie gleich im Anschluss auf die Körbe der Kinder. So spart man sich doppelte Arbeit und muss später nicht noch einmal Dinge auffalten, um die Größe herauszufinden. Anschließend stelle ich die Körbe einfach vor die Schränke oder noch besser auf die Betten der jeweiligen Kinder, damit sie ihre Kleidung in die Schränke räumen. Stellt man sie auf das Bett, können sie nicht so leicht ignoriert werden. Spätestens am Abend kann niemand sagen, er hätte den Korb nicht gesehen.

Wenn genügend Wäsche anfällt, lohnt es sich, die Wäsche der Kinder nicht zu vermischen, da spart man sich das Zuordnen komplett. Das kann nämlich bei Kindern mit den gleichen Größen sehr schwierig sein.

## Wäschewaschen als Teamarbeit

Ich beginne früh damit, die Kinder mit in Aufgaben rund ums Wäschewaschen einzubinden.
- Als ersten Schritt bringe ich ihnen das Zusammenlegen bei. Dazu kann man schon ganz Kleine animieren.
- Ab dem Schulalter kommt dann bei uns das Wegräumen dazu.
- Sobald die Kinder die Grundschule verlassen, können sie sogar ihre eigene Wäsche komplett übernehmen.

Der Vorteil dieser Taktik ist, dass Kinder ein Gefühl für ihre eigene Kleidung entwickeln. Sie gehen wesentlich behutsamer damit um, wenn sie sich selbst um das Waschen, Zusammenlegen und Wegräumen kümmern müssen. Die Kinder sollten natürlich nicht eine Wäscheladung nur für den Lieblingspulli starten. Stichproben sind auch hier wichtig, damit das Umweltbewusstsein geschult wird.

Die großen Kinder und mein Mann haben ihre eigenen Wäschekörbe im Zimmer. Das ist ein kompletter Arbeitsablauf, den ich abgeben kann und der somit aus meiner Verantwortung und von meiner To-do-Liste verschwindet.

Anders als bei Aufgaben wie z.B. dem Ausräumen der Geschirrspülmaschine bin ich nicht abhängig von der Erledigung dieses Arbeitsvorganges, um danach etwa die Geschirrspülmaschine wieder beladen zu können. Muss ich lange warten, entsteht in der Zwischenzeit Chaos in der Küche.

Man muss sich zwar gut absprechen, wer wann die Waschmaschine nutzt, aber ich werde in meinem Arbeitsvorgang nicht aufgehalten, wenn ein Kind hier seine Aufgabe nicht erledigt.

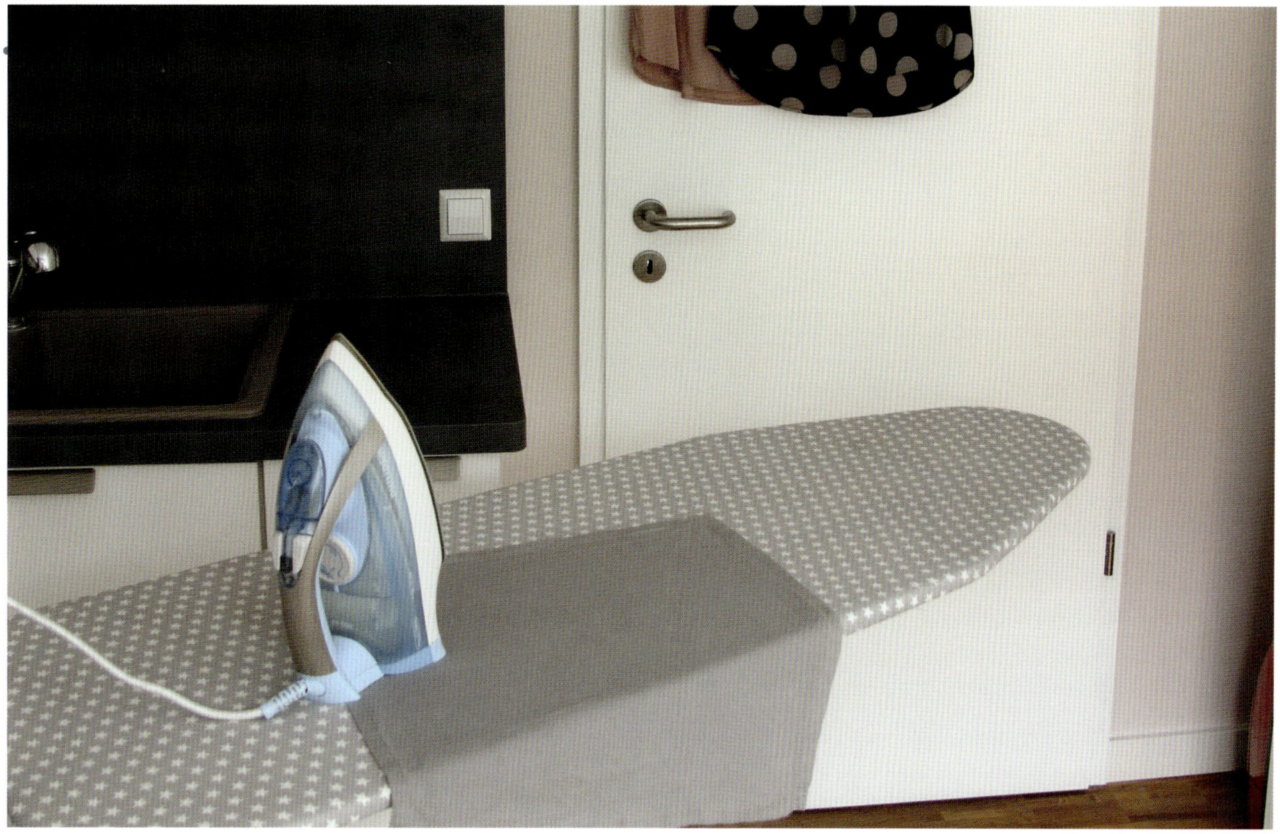

Anfangs gibt es vielleicht kleine Dramen, wenn nichts mehr zum Anziehen im Schrank ist. Doch hier kann ein konsequenter Lernvorgang entstehen, da sich Ursache und Wirkung ganz praktisch am eigenen Körper erfahren lassen. Man muss nur als Mutter cool bleiben, wenn ein panisches Kind vor dem leeren Kleiderschrank steht.

Wenn Sie ständig Erinnerungshilfe sind, ist es wie beim Navigationssystem. Kinder verlassen sich so auf unsere Ermahnung, dass sie den Weg gar nicht mehr eigenständig wahrnehmen. Haben wir einmal eine Route selbst erforscht, finden wir den Weg wesentlich schneller wieder. Unsere Kinder sollten ruhig selbstständig die Hausarbeitswelt erkunden und brauchen nicht ständig unsere Stimme als Störgeräusch im Hintergrund. Das ist übrigens auch mein Motto bei Hausaufgaben. Die Schullaufbahn Ihres Kindes wird weniger gefährdet von ein paar Fünfen und vielleicht sogar einer Ehrenrunde als von Unselbstständigkeit.

# Bettwäsche

Bettwäsche ist noch einmal ein Thema für sich. Ich liebe alte Damast-Bettwäsche aus Omas Schrank. Doch pflegeleicht ist diese nicht. Deshalb hatten unsere Großeltern auch noch Mangeln im Wäscheraum stehen. Ich selbst habe auch eine vom Flohmarkt ergattert und liebe diese. Doch solch pflegeintensive Bettwäsche verlängert den kompletten Vorgang vom Bettabziehen bis zum Zurücklegen in den Schrank ungemein. Deswegen bin ich gerade für die Kinder auf pflegeleichte Jersey- und Seersucker-Bettwäsche umgestiegen. Diese kann gewaschen werden und anschließend in den Trockner.

# Bettwäsche-Tipps

Ich stelle den Trockner auf bügeltrocken. Trocknet man die Bettwäsche zu stark, bekommt man einen einzigen Knitterhaufen. So ist noch Restfeuchte vorhanden und man kann die Bettwäsche mit den Händen glätten. Anschließend falte ich die leicht feuchte Bettwäsche und hänge sie über einen Stuhl in der Nähe der Heizung.

Ich achte grundsätzlich darauf, dass Bettwäsche immer gleich gefaltet wird, damit sie platzsparend verstaut werden kann.

Kissenbezüge lege ich in den gefalteten Bezug der dazu passenden Decke, damit ich beides später nicht zusammensuchen muss.

Ich habe für alle Kinder die gleiche Bettwäsche. Entweder ist die blaue bezogen oder die graue – dadurch kann ich schnell feststellen, wie lange die Bettwäsche schon drauf ist.

Je schlechter ein Raum belüftet ist, umso häufiger muss man wechseln. Ein Zwei-Wochen-Rhythmus ist für mich sehr ambitioniert, ein Vier-Wochen-Rhythmus zu miefig. Deswegen versuche ich, einen Drei-Wochen-Rhythmus einzuhalten. Dieser Rhythmus ist natürlich davon abhängig, was Ihnen persönlich entgegenkommt, wie schlecht oder gut Ihre Räumlichkeiten belüftet sind und wie stark Sie oder Ihre Kinder schwitzen.

Bei sieben Personen zieht sich der Arbeitsprozess über zwei Tage vom Abziehen, neu Beziehen, Waschen, Trocknen, Zusammenlegen bis zum Wegräumen.

Wichtig ist, dass frische Bettwäsche auf gut ausgelüftete Decken und Kissen gezogen wird. Denn sonst nutzt selbst häufiges Beziehen nicht viel.

## Frau Holle in Aktion für schöne frische Betten

- Gleich nach dem Aufstehen den Raum lüften.
- Betten aufschütteln.
- Decken z.B. über einen Stuhl hängen, damit die Matratze gut auslüften kann.
- Während des Frühstücks alles gut durchlüften lassen.
- Statt die Bettdecken auf das Bett zurückzulegen, lege ich sie in eine Truhe, eine Schublade unterm Bett oder in ein großes Fach im Schrank. (Wenn Sie ein paar Seifenstücke darin liegen haben, dann duftet es immer frisch.) So können die Betten auch als Sofa genutzt werden. Doch selbst bei unserem Ehebett tue ich das, da es einfach schöner aussieht und man sich auch leichter mal zwischendurch, z.B für ein Mittagsschläfchen, darauflegen kann, ohne es total zu zerknittern. Besonders bei dicken Daunendecken im Winter sieht es sonst immer völlig verformt aus. Betten wirklich schön in Form zu bringen, ist außerdem sehr zeitintensiv.
- Dann braucht man nur noch eine Tagesdecke auf die Matratze packen, ein paar Kissen drauflegen, und voilà, fertig ist das Bettsofa.
- Wenn Sie am Kopfende oder neben dem Bett nicht gerade eine Holzwand haben, dann können Sie sich auch ein Wandpolster ähnlich diesem bauen, um dem Ganzen einen Sofacharakter zu verleihen und um die Wand zu schonen.

## Matratzen

Um die Matratze zu reinigen, bestreue ich sie alle halben Jahre morgens mit einer dünnen Schicht Natron oder Backpulver. Das Pulver lasse ich tagsüber einwirken und sauge es dann ab. Dieses Hausmittel hilft gegen Milben und üble Gerüche.

Ansonsten sprühe ich sie bei jedem Bettwäschewechsel mit einem Geruchsneutralisierer ein.

# Lass die Sonne rein!

## Gardinen waschen

Die Gardinen wasche ich nur einmal im Jahr. Am liebsten im Frühjahr oder Sommer. Da wir nur weiße Gardinen aus Baumwolle haben, kann ich diese relativ heiß waschen. Mit einem Päckchen Backpulver zusätzlich zum Waschmittel werden sie dann strahlend weiß. Das Bügeln ist bloß schwieriger. Während man Gardinen mit einem hohen Synthetikanteil einfach nur leicht anschleudern braucht und nass aufhängen kann, muss ich mich doch etwas mit dem Bügeln quälen. Wichtig ist dabei, den richtigen Moment abzupassen, indem sie etwas trocken, aber trotzdem noch feucht genug sind. Deswegen ist es wichtig, nicht zu viele Gardinen auf einmal zu waschen, weil man dann manchmal nicht schnell genug mit dem Bügeln hinterherkommt. Um das Ganze zu entstressen, nehme ich mir pro Tag einen Raum vor. Ich stecke sie schon am Abend in die Maschine (wenn Sie haben, nutzen Sie ein Einweichprogramm) und hänge sie morgens gleich zum Trocknen auf. So ist das Prozedere am Vormittag erledigt, wenn die meisten Kinder in der Schule und im Kindergarten sind.

# KÜCHE & ESSENS- PLANUNG

# Küchenchaos, ade

Ein Arbeitszimmer kann eine ganz persönliche Struktur haben und das Genie völlig chaotisch zum Ziel bringen. Das Schlafzimmer ist ein ganz intimer Raum, der einer persönlichen Ordnung bedarf. Hier wird niemand beeinträchtigt, wenn die Socken kunterbunt in einer Schublade herumfliegen. Als Mutter kann man die Kinderzimmertür einfach mit dem Gedanken schließen: „Es ist ihr Chaos, nicht meines, irgendwann wird dieses Kind schon aufräumen." Im Gegensatz dazu ist die Küche der Ort im Haus, an dem alle zusammenfinden und in Gemeinschaft agieren.

Ich gehe davon aus, dass Sie als Leser / -in des Buches dieser Boss sind.
Trotzdem gibt es in der Küche die meisten Spannungen beim Ordnungsverhalten, weil hier viele unterschiedliche Charaktere aufeinandertreffen. Die Küche ist meist der Mittelpunkt des Familienlebens. Für mich ist sie nicht nur ein Ort, an dem Speisen vor- und zubereitet werden, sondern sie ist Versammlungsort, organisatorische Schaltzentrale und Seelsorgezentrum.

Es ist deshalb so wichtig, mit Umstrukturierungen in der Küche zu beginnen. Das räumliche Herzstück der Wohnung sollte ein Ort sein, an dem Sie sich richtig wohlfühlen.
Während ich im letzten Buch mit dem Aussortieren im Kleiderschrank begonnen habe, würde ich heute umschwenken und sagen: Beginnen Sie in der Küche.

*Es ist wichtig, dass es in der Küche einen Boss gibt, der die Grundstruktur vorgibt, so wie der Sternekoch im Restaurant.*

Wie viele Gewürze brauchen Sie wirklich? Ich habe nur noch eine Auswahl von Gewürzen, die auch regelmäßig in meinem Essensplan vorkommen.
Wie viele Töpfe benutzen Sie? Haben Sie mehr Deckel als Töpfe?
Haben Sie einen bestimmten Kochlöffel, den Sie immer benutzen, oder eine Schale? Alle anderen bleiben im Schrank, sodass Sie diese sogar schnell per Hand abwaschen, anstatt das ungeliebte „Back-up" zu benutzen?
Gerade in der Küche neigen wir zum Horten, seien es Lebensmittel oder Küchengeräte. Wir haben Angst, dass etwas aus- oder kaputtgehen könnte. In der Küche zeigt sich am deutlichsten das Bedürfnis nach Sicherheit, die Angst vor unerwartetem Leid und Hungerphasen. Selbst in Zeiten des Überflusses verschwindet sie nie ganz.
Oft symbolisieren überflüssige Haushaltsgeräte oder besondere Lebensmittel auch den Wunsch nach einer besonderen Esskultur, die aber in unserem jetzigen Lebensabschnitt völlig unrealistisch ist. Ich habe seit Jahren eine Form für Maultaschen in der Schublade, weil ich der romantischen Idee erlegen bin, dass ich diese für meine 7-köpfige Familie selbst machen werde. Sie wurde bis heute nicht einmal benutzt. Der einzige Zweck, den sie gerade erfüllt, ist der, mir ein schlechtes Gewissen zu machen, da ich für solch eine Köstlichkeit keine Zeit finde. Ich gebe ihr also jetzt noch ein halbes Jahr und dann landet sie bei eBay.

Gehen Sie jedes Stück in Ihrer Küche durch. Gönnen Sie sich hier und da auch mal ein Upgrade, wenn Sie zum Beispiel Ihr Tassensammelsurium stört. Trennen Sie sich und gönnen Sie sich etwas Einheitliches.

Beginnen Sie – wie immer – mit dem Aussortieren.
Putzen Sie anschließend Ihre Küche ordentlich. Vielleicht gönnen Sie sich sogar eine neue Wandfarbe, um Ihren Neustart zu symbolisieren.

Sortieren Sie rigoros aus.

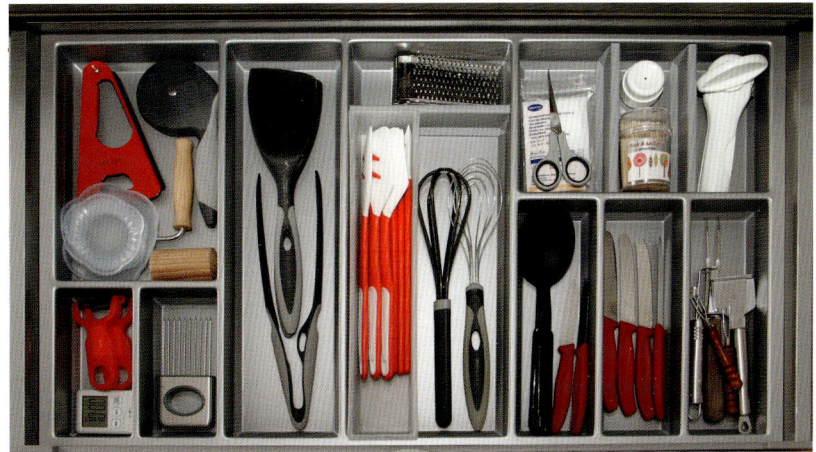

**Strukturieren Sie danach neu:**
Alles braucht seinen Platz und nichts sollte zum Wanderpokal werden.

Versuchen Sie, alles gut zugänglich zu lagern. Gleiches kommt zu Gleichem. Vermeiden Sie es, Dinge voreinanderzustellen. Nichts stört mehr im Arbeitsablauf, als den halben Schrank durchforsten zu müssen, um an eine Zutat zu kommen. Fügen Sie lieber noch ein Regalbrett hinzu, als zu viele Dinge übereinanderzustapeln oder arbeiten Sie mit Rondellen und Drehtellern. Wenn Sie „Küchenorganizer" googeln, finden Sie eine Fülle von kostengünstigen Behältern und Hängevorrichtungen, um Ihre Schränke optimal zu organisieren.

Füllen Sie Lebensmittel aus der geöffneten Originalpackung in Vorratsbehälter um.

Beschriften Sie Dinge, um einen besseren Überblick zu haben.

Sortieren Sie nach Verfallsdatum. Älteres nach vorne, Neueres nach hinten.

Lassen Sie Luft. Versuchen Sie, nicht zu eng zu stapeln. Vielleicht haben Sie noch nicht genug aussortiert? Je leichter sich Dinge verstauen lassen, umso weniger erdrückend wirkt eine Küche und umso schneller werden Arbeitsabläufe.

# Cool bleiben

## Kühlschrank

Der Kühlschrank ist eines der wichtigsten Küchengeräte und war viele Jahre lang sogar ein Statussymbol. Bis zu seiner Verbreitung in Europa ab den 30er-Jahren war man auf die Kellerlagerung angewiesen, die in warmen Ländern sogar mithilfe von Eis aus Bergregionen gekühlt wurden.

Heutige Kühlschränke bieten die Möglichkeit, durch unterschiedliche Kältezonen ganz verschiedene Lebensmittel zu lagern.

Lesen Sie die Betriebsanleitung für Ihren Kühlschrank genau durch.

Die meisten Kühlschränke räumt man am besten so ein:

**Oberes Fach (ca. 8° C):**
Käse, gekochte Speisen, Geräuchertes

**Mittleres Fach (ca. 5° C):**
Milchprodukte wie Milch, Sahne, Jogurt, Crème fraîche, Quark

**Unteres Fach (ca. 2° C):**
Dieser kühlste Bereich ist häufig mit Pfeilen gekennzeichnet und für Fisch, Wurst, Fleisch geeignet.

**Gemüsefach (ca. 9° C):**
Gemüse

**Türfach (ca. 9° C):**
Eier, Butter, Saucen, Marmelade, Getränke

Gerade im Kühlschrank ist es wichtig, nach Verfallsdatum zu sortieren. Ich bewahre Lebensmittel und besonders Essensreste am liebsten in durchsichtigen Behältern auf, damit ich den Überblick behalte. Hier ist ein Herd für Schimmel und Bakterien.

Der Kühlschrank sollte regelmäßig ausgewischt werden. Das geht am besten, wenn Sie sich an einen Wochenplan mit einem großen Wocheneinkauf halten, damit Ihr Kühlschrank sich regelmäßig leert. So wird weniger schlecht und es ist einfacher, ihn auszuwischen, als wenn er immer sehr voll ist. Besonders das Gemüsefach sollte oft ausgewischt werden.

Ich halte es für sinnvoll, nur einen großen Kühlschrank und einen großen Gefrierschrank zu besitzen und nicht eine Gefrierkombi in der Küche und einen Gefrierschrank im Keller oder zwei kleine Kühlschränke, einen in der Küche, einen im Keller. Erstens spart es Strom und zweitens behält man besser den Überblick.

## Gefrierschrank

Um immer den Überblick über den Gefrierschrank zu haben, lohnt sich eine laminierte Liste, die man abwischen kann. Kleben Sie diese entweder direkt an den Gefrierschrank oder an einen Hängeschrank. Schreiben Sie es auf, wenn Sie etwas hineintun, und wischen Sie weg, was Sie herausholen.

Mindest-
haltbarkeitsdatum
überschritten?
Bitte nicht gleich
wegwerfen!

# Mahlzeiten planen

Kochbücher mit tollen Rezepten für Kinder gibt es viele. Kochbücher mit gesunden Rezepten noch viele mehr. Wie mache ich meinen Kräuterquark mit selbst gesammelten Kräutern oder die perfekte Tomatensoße ohne jegliche Zusätze?

Doch was ist realistisch? Der Alltag wird immer hektischer. Sollte eine ausgewogene Ernährung nicht trotzdem Priorität haben? Ja, natürlich! Doch sie sollte auch realistisch bleiben. Was hilft es, die gesündesten Gerichte auf den Tisch zu bringen, wenn man am Ende der Woche ein nervliches Wrack ist.

Deswegen werde ich Ihnen keine perfekten gesunden Gerichte präsentieren, sondern bei meinen Beispielen geht es einfach um die Reihenfolge, die Organisation, die Arbeitsabläufe. Frikadellen mit Kartoffelbrei, Nudeln mit Soße, Pizza – das ist keine Revolution der Rezeptwelt. Denn beim Kochen in der Familie geht es selten noch um den Spaß am Kochen. Je mehr Kinder man hat, umso mehr wird man zum Catering-Unternehmen. Der Spaß bleibt spätestens dann auf der Strecke, wenn man nur noch gehetzt kochen muss oder die Hälfte der Zutaten fehlt, weil man nicht bedacht hatte, heute dieses oder jenes kochen zu wollen.

Wie viele Gedanken verschwenden wir an diesen einen Satz: *Was koche ich heute?*

Auf den folgenden Seiten helfe ich Ihnen dabei, einen Lageplan zu erstellen, damit die einfache Grundversorgung gesichert ist und Sie sich diese Frage nicht jeden Tag neu stellen müssen.

Es gibt noch genügend Spielraum für kulinarische Kreativität. Doch geben Sie dem Plan einfach mal eine Chance, denn die Reihenfolge ist das Interessante, nicht das Rezept. Sie selbst werden wissen, welches Gericht in der Familie gut funktioniert und welches nicht. Doch je mehr Kinder man hat, umso wichtiger wird der Spruch: Was

auf den Tisch kommt, wird gegessen. Ich kann Ihnen hier sagen, dass bei jedem dieser Rezepte mindestens eines meiner Kinder etwas nicht mag. Eine Tatsache, die man sich immer wieder bitter bewusst machen muss: Als Köchin enttäuscht man immer jemanden.

## Gut vorbereitet ist halb gekocht

An einem aufgeräumten Arbeitsplatz arbeitet es sich besser. Ich beginne mit den Vorbereitungen für das Mittagessen direkt morgens nach dem Frühstück. Je mehr ich morgens geschafft habe, umso besser verläuft der Rest des Tages. Ich versuche, so viel wie möglich vorzubereiten, sodass vor dem Mittagessen nur noch wenige Schritte nötig sind. Die Geduld von Kleinkindern kurz vorm Mittagessen ist eher gering. Es ist einfacher, Arbeiten zu erledigen, solange die Kinder noch ausgeruht sind und fröhlich spielen. Außerdem hat man so eine Chance, auch die Wohnung über einen längeren Zeitraum hinweg sauber zu halten. Denn wenn man das Gemüse geschnitten hat und die Zutaten vorbereitet sind, kann man die Küche säubern, vielleicht sogar schon den Tisch decken fürs Mittagessen und hat dann Zeit für Aktivitäten wie Spaziergänge oder Erledigungen, die außerhalb des Hauses gemacht werden müssen. Wenn man anschließend nach Hause kommt, sind nur noch wenige Handgriffe zu tun, man muss noch etwas aufwärmen oder braten, und dann ist das Mittagessen bereit.

Zusätzlicher Bonus: Wenn man gleich morgens das Mittagessen vorbereitet, kann man parallel das Frühstückschaos beseitigen. Während ich etwas anbrate, räume ich schon mal den Tisch ab, oder ich sauge unter dem Tisch, während die Gemüsesuppe brodelnd auf dem Herd steht. Wenn ich anschließend alle Arbeitsflächen säu-

bere, habe ich nur einen Arbeitsvorgang für zwei Mahlzeiten gebraucht. Ich stelle anschließend alles so bereit, dass selbst das Wasser für die Nudeln schon im Topf ist und die Packung danebensteht. Gemüse und Salat sind vorgeschnitten in hochwertigen Vorratsdosen verstaut und die Salatsoße steht fertig im Kühlschrank.

Natürlich ist es gesünder und es bleiben mehr Vitamine erhalten, wenn man Gemüse erst kurz vor dem Servieren zubereitet. Doch wie häufig hat man die Zeit unterschätzt und zum Schluss bleibt genau das Gemüse oder der Salat auf der Strecke? Bevor man also kaum Gemüse oder frischen Salat auf dem Tisch stehen hat, lohnt es sich, diesen direkt nach dem Frühstück vorzubereiten und in gut verschließbaren Behältnissen zu lagern, damit dieser aufwendige Arbeitsschritt schon mal erledigt ist.

Sollte der Fall eintreffen, dass es vor dem Mittagessen mal wieder knapp wird, die Kinder schon vor der Tür stehen, aber die Nudeln noch einen Moment brauchen – oder dass es einfach ewig dauert, bis der gesamte Klan am Tisch eingetroffen ist –, dann ist bei uns das Fingerfood-Gemüse schon zum Essen freigegeben. So sind auch die Kinder ruhig, die das Gefühl haben, auf dem Weg von der Haustür zum Essenstisch zu verhungern. Es bremst die erste Ungeduld etwas ab und lockert eine gestresste Stimmung auf, wenn die Kinder und man selbst etwas zum Knabbern hat. Außerdem wird dadurch mehr Gemüse gegessen, als wenn ich es parallel zur Mahlzeit reiche. Bei uns muss man von der Haustür zur Wohnung eine steile Treppe hochgehen und durch einen verwinkelten Flur in die Küche laufen. Dieser Weg kann sehr, sehr lang sein, wenn ein Kind müde aus dem Kindergarten oder der Schule kommt. Auf diesem Wege entwickeln sich viele Konflikte, vor allem, wenn das Kind weiß, dass auf dem Essensplan etwas steht, was es nicht mag. Da hilft es, wenn zumindest das Gemüse schon wartet.

# Tägliches Schulbrot

## Morgendliches Brotdosen-Chaos

Das Broteschmieren für die Schule verlagere ich häufig auf den Abend, um den Morgen zu entstressen. Unsere Kinder haben unterschiedlich farbige Brotdosen und Flaschen. So gibt es in der morgendlichen Hektik kein Vertauschen.

# Essensvorräte

Wie behalte ich den Überblick über meine Vorräte und wie vermeide ich es, Dinge schlecht werden zu lassen? Die Antwort darauf ist relativ einfach. Die Lösung in einer Konsumgesellschaft praktisch umzusetzen, ist jedoch sehr schwer … Tonnen von Nahrungsmitteln werden jährlich in Deutschland weggeschmissen. Das ist nicht nur mit Blick auf die Nachhaltigkeit katastrophal, sondern geht auch ganz schön ins Geld. Nur, wie verhindere ich die „Nahrungsmittelleichen" im Kühlschrank und der Speisekammer?

**1** Besitzen Sie nicht zu viel.
Hier ist also mal wieder Aussortieren gefragt. Sie brauchen einen Überblick über Ihre Vorräte. Vorräte dienen einerseits zur Lagerung der Ernte. Wenn Sie aber keinen großen Garten besitzen und auch kein Krieg ausbricht, braucht man nicht in Mengen zu hamstern. Natürlich hat man für den Notfall immer ein paar Nudeln und Soße da oder ein paar Pizzen für den spontanen faulen Abend. Doch wie viele Dinge haben wir gekauft, um irgendwann mal damit zu backen oder etwas Besonderes zu kochen, wenn wir Zeit finden. Suchen Sie erst den konkreten Termin für ein Back- oder Kochvorhaben außerhalb des normalen Ablaufs und kaufen Sie erst dann die passenden Zutaten. Sonst führt es zur Frustration, wenn Sie nie Zeit zum Zubereiten finden und die Zutaten schlecht werden.

**2** Wissen Sie genau, was Sie in Zukunft kaufen müssen. Eine genaue Menüplanung verleiht Ihrem Job nicht nur einen professionellen Touch, sondern spart Zeit – und auch Geld.

Es kostest Sie zwar zunächst einige Zeit, einen zur Familie passenden Plan zu entwickeln und sich an ihn zu gewöhnen. Doch auf lange Sicht sparen Sie viel Zeit beim Einkaufen und Sie sparen eine Menge Zeit und Nerven durch das Wegfallen der lästigen Frage: „Was koche ich heute?"

Ein sichtbar aufgehängter Essensplan hilft auch beim Umgang mit den Erwartungen Ihrer Kinder. So kann Ihr Kind sich schon am Morgen klarmachen, dass es nach der Schule etwas bekommt, das es nicht mag, oder etwas, worauf es sich freuen kann. Mag ein Kind etwas auf dem Speiseplan nicht, kann es sich durch die Übersicht damit beruhigen, dass auch wieder Licht am Ende des Tunnels auftaucht und in den folgenden Tagen ein Gericht dabei ist, auf das es sich wieder freuen kann.

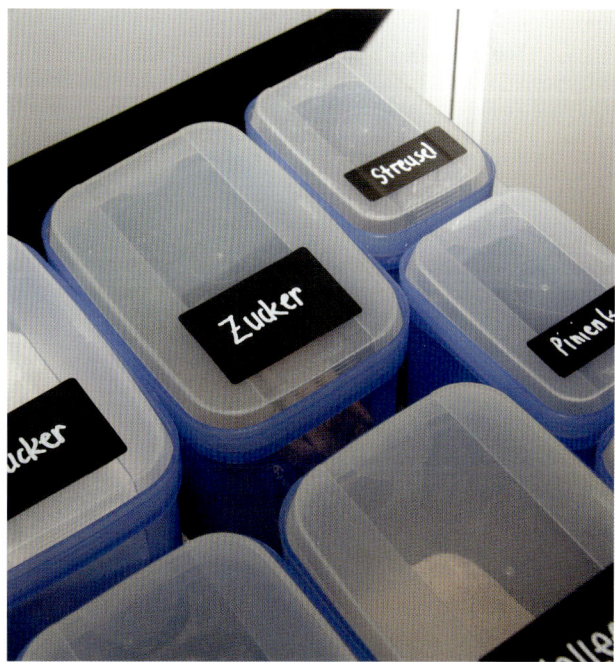

# 4-Wochen-Plan

## Einen Menüplan erstellen

Ein Vier-Wochen-Plan ist für die genau das Richtige, die über ein großes Repertoire an bereits eingeübten und routinierten Gerichten verfügen. Einen Drei-Wochen-Plan halte ich für realistischer. Ein Zwei-Wochen-Plan ist ein guter Einstieg zum Üben. Geben Sie sich mindestens drei Monate Zeit, um Ihren persönlichen Wochenplan zur Routine werden zu lassen. Beginnen Sie mit einem Zwei-Wochen-Rhythmus und steigern Sie sich langsam über drei Wochen zum Vier-Wochen-Planer. Geben Sie sich viel Raum für Korrektur. Notieren Sie sich sofort Än-

derungen und Anmerkungen zu Mengenangaben Ihrer Lieblingsrezepte, damit Sie nicht mit Resten zu kämpfen haben. Machen Sie sich auch Notizen, wenn Sie den Ablauf der Zubereitung verändern.

Damit Sie einen kleinen Eindruck bekommen, hier als Beispiel mein eigener ambitionierter Plan:

|  | Montag | Dienstag | Mittwoch | Donnerstag | Freitag |
|---|---|---|---|---|---|
| Hausarbeit | **Wocheneinkauf, Wäsche** | **Aufräumen, Wäsche** | **Stadttag, Erledigungen** | **Saugen, Intensiv-aufräumen** | **Putztag, Wäsche** |
| Essensmotto | Kartoffeltag, Restetag vom Sonntag | Reistag | Nudeltag | Kindertag | Kochen für 2 Tage |
| Nachtisch | Joghurt |  | Quarkspeise |  | Pudding |
| Gemüse | Buttergemüse | Salat und Fingerfood-Gemüse | Salat vom Vortag | Fingerfood-Gemüse | Salat und Fingerfood-Gemüse |
| Woche 1 | Bratkartoffeln mit Spiegelei | Hühnchen mit Zwiebel-Sahne-Soße | Nudeln mit Pesto | Pfannkuchen mit Apfelmus | Hacksuppe |
| Woche 2 | Senfeier mit Salzkartoffeln | Pilz-Schinken-Reispfanne | Spaghetti bolognese | Kartoffelpuffer mit Apfelmus | Quiche |
| Woche 3 | Kartoffelbrei mit Frikadellen, Fisch-stäbchen oder Würstchen | Curryreis mit Hack | Nudeln mit Schinken-Sahne-Soße | Pfannkuchen mit Apfelmus | Gefüllte Nudeln |
| Woche 4 | Pellkartoffeln mit Kräuterquark | Spinat im Reisbett | Nudeln mit Tomaten-Wurst-Soße | Kartoffelpuffer mit Apfelmus | Pizza |

| Samstag | Sonntag |
|---|---|
| **Wäsche, Sonntags- essen vorbereiten** | **Ruhetag! Es ist der Tag des Herrn!** |
| | Samstagabend vorbereiten |
| Salat vom Vortag | Salat und Fingerfood- Gemüse, gekochtes Gemüse nach Wahl |
| Hacksuppe vom Vortag | Lasagne |
| Quiche vom Vortag | Mozarella-Tomaten- Huhn mit Reis |
| Gefüllte Nudeln vom Vortag | Gulasch mit Nudeln |
| Pizza vom Vortag | Falscher Hase mit Kartoffel-Gratin |

Wenn Sie nun Ihren persönlichen Wochenplan erstellen, sollten Sie zuerst danach schauen, welcher Grundrhythmus sich durch Ihre Termine ergibt. Haben Sie bestimmte Tage, an denen Sie einkaufen, zum Sportverein gehen oder Ihren Beruf ausüben? Gibt es bestimmte regelmäßige Termine wie eine Mutter-Kind-Gruppe oder legen Sie gern Arzttermine auf bestimmte Tage der Woche? Nach diesen Terminen und Plänen suche ich aus, an welchen Tagen ich schnelle Rezepte zubereite oder mit frischen Produkten wie Fleisch und bestimmtem Gemüse koche. Das geht bei mir nur, wenn ich weiß, dass ich eine Möglichkeit zum Einkaufen habe. Diese Vorplanung ist besonders wichtig, wenn man auf dem Land lebt und jede Fahrt zum Supermarkt mit großem Zeitaufwand verbunden ist. Ich habe meine festen wöchentlichen Routen, auf denen ich frisches Fleisch beim Metzger hole oder Drogerie-Einkäufe erledige.

Ich plane einen Vormittag für den Wocheneinkauf ein, einen Vormittag für Erledigungen und einen Vormittag zum „Rauskommen", an dem ich auch Erledigungen mache, aber mein Hauptziel ist hier, das Haus zu verlassen. Das ist meine Pufferzone, um ohne viel Stress auch nur einzelne Dinge abzuarbeiten und mir ein wenig Zeit zu lassen, um selbst mal zu bummeln oder mit Kindern, die noch zu Hause sind, auch mal ohne Geschwister die Welt zu entdecken oder ein paar Enten zu füttern.

Wählen Sie Rezepte aus, die Ihnen gut von der Hand gehen, und setzen Sie diese auch mal doppelt ein. Um sich in diese neue Routine einzufinden, wäre es unklug, auch noch extravagante neue Rezepte mit einzubinden. Es braucht ein gewisses Maß an Neuorganisation und Umdenken, um sich an so einen Plan „zu binden" und mit ihm zu arbeiten. Früchte trägt er erst nach ca. 3 Monaten. In dieser Zeit sollten andere Experimente vermieden werden.

# Stress, lass nach

## Back-up für Stresszeiten

Wenn schwere Stressphasen anstehen, greife ich auf einen anderen Plan zurück. Hier weiche ich auf einen Zwei-Wochen-Plan aus mit den einfachsten und schnellsten Rezepten und wenig Zutaten. Außerdem koche ich mindestens an einem Tag die doppelte Menge (Pizza und Quiche) und sonntags die doppelte Menge Kartoffeln, damit ich montags Reste verwerten kann oder wenig zusätzlich zubereiten muss. Das sorgt für einen entspannteren Start in die Woche.

Es hilft mir sehr, ein Back-up dieser Art zu haben. Sonst läuft man Gefahr, in die alte Gewohnheit zurückzufallen, bei der man jeden Tag spontan entscheidet und die Hälfte nicht im Kühlschrank hat, da man durch den Vier-Wochen-Plan nun nicht mehr so viele Vorräte lagert. Ein spontanes System erfordert immer mehr Kühlschrankinhalt oder häufige Einkäufe. Das eine kostet unnütz Geld, das zweite unnütz Zeit und genau das soll ja durch den Plan vermieden werden.

|  | Montag | Dienstag | Mittwoch | Donnerstag | Freitag |
|---|---|---|---|---|---|
| Hausarbeit | **Wocheneinkauf, Wäsche** | **Aufräumen, Wäsche** | **Stadttag, Erledigungen** | **Saugen, Intensiv-aufräumen** | **Putztag, Wäsche** |
| Essensmotto | Kartoffeltag, Restetag vom Sonntag | Reistag | Nudeltag | Kindertag | Kochen für 2 Tage |
| Nachtisch | Joghurt |  | Quarkspeise |  | Pudding |
| Gemüse | Buttergemüse | Salat und Fingerfood-Gemüse | Salat vom Vortag | Fingerfood-Gemüse | Salat und Fingerfood-Gemüse |
| Stress-Woche 1 | Bratkartoffeln mit Spiegelei oder klein geschnittene Bratenreste | Nudeln mit Schinken-Sahne-Soße | Klare Suppe mit Karotten und Sternchennudeln | Pommes mit Würstchen | Quiche |
| Stress-Woche 2 | Bratkartoffeln mit Würstchen oder Gulaschresten | Spaghetti bolognese | Creme-Gemüsesuppe | Milchreis mit Apfelmus | Pizza |

| Samstag | Sonntag |
|---|---|
| **Wäsche, Sonntags-essen vorbereiten** | **Ruhetag! Es ist der Tag des Herrn!** |
| | Samstagabend vorbereiten |
| Salat vom Vortag | Salat und Fingerfood-Gemüse, gekochtes Gemüse nach Wahl |
| Quiche vom Vortag | Braten mit Kartoffeln |
| Pizza vom Vortag | Gulasch mit Kartoffeln |

# Beilagentipps

## Tipps fürs Kochen und Zeitsparen

**Kartoffeln** schneide ich oft schon morgens nach dem Frühstück oder Samstagabend für den Sonntag. Sie müssen dann komplett mit Wasser bedeckt sein, da sie sonst braun werden. Schaden tut es den Kartoffeln nicht, wenn sie länger im Wasser liegen. Sie geben noch Stärke ab und werden leichter bekömmlich. Ich schneide sie recht klein, so spare ich mir das Zerteilen für die kleinen Kinder am Tisch und die Kartoffeln werden beim Kochen besser vom Salzwasser umspült. Außerdem verkürzt sich die Garzeit deutlich, was gut ist, wenn ich nur noch wenig Zeit bis zum Essen habe. Bei der Resteverwertung lassen sich dann auch schneller Bratkartoffeln daraus machen, weil ich sie nicht noch einmal nachschneiden muss. Einfach ab in die Pfanne.

Ich koche die Kartoffeln in einem zur Hälfte mit Wasser gefüllten Topf ca. 15–20 min (je nach Sorte). Wenn sie gar sind, gieße ich sie ab und klemme ein Handtuch zwischen den Deckel und den Topf, damit dieses die restliche Feuchtigkeit aufnimmt.

**Reis:** Ich wünschte, ich könnte Ihnen tolle Tipps zum Reiskochen geben, aber da müssen Sie meinen besten Küchenfreund, den Reiskocher, fragen. Den haben wir uns schon zu Studienzeiten beim Discounter gekauft, da wir nur zwei Herdplatten hatten. Er war sehr günstig und tut immer noch das, was er verspricht. Reis rein, Wasser rein, salzen, Knöpfchen drücken und sobald das Wasser verkocht ist, schaltet er auf eine Warmhaltefunktion. Ich liebe dieses Gerät, da mir vorher immer der Reis angebrannt ist. So kann ich den Reis anstellen und noch einmal mit meiner Jüngsten spazieren gehen.

Früher habe ich den Reis gern trocken in etwas Butter angeschwitzt, bis er glasig wurde, und dann die 1,5-fache Menge Wasser mit etwas Salz dazugegeben (1,5 Tassen Wasser für eine Tasse Reis).

**Nudeln** verkoche ich leider regelmäßig, da wir aus gesundheitlichen Gründen die glutenfreie Variante wählen müssen. Die auf den Punkt zu bekommen, ist eine Kunst und erfordert Geduld. Letztere habe ich eindeutig nicht, deshalb übernimmt das gerne mein Mann, der Spontaneität beim Kochen verabscheut und geduldig am Herd steht. Den kann ich Ihnen aber leider nicht ausleihen, deshalb hoffe ich, dass Sie besser als ich Nudeln kochen. Falls Sie auch im Land der Glutenfreiheit unterwegs sind, hier ein Tipp: Während man normale Nudeln am nächsten Tag gut mit etwas Schinken und Ei in der Pfanne anbraten kann, sind glutenfreie Nudeln hart und ungenießbar, sobald sie kalt sind. Deshalb koche ich im Wasserkocher heißes Wasser auf, übergieße die Nudeln damit komplett und lasse sie so 2 Minuten mit geschlossenem Deckel im Topf ziehen. Dadurch sind sie dann „wiederbelebt" und können für die Resteverwertung genutzt werden.

**Salat** bereite ich immer mit separatem Dressing zu. Dadurch braucht der Einzelne zwar mehr Dressing, man kann die Salatreste jedoch, wenn sie luftdicht verpackt sind, im Kühlschrank aufbewahren und noch am nächsten Tag knackig frisch essen.

**Gemüse:** Kindern Salat aufzuzwingen ist nicht mein Stil, deshalb stelle ich immer Gemüse in der Fingerfood-Variante dazu, sodass sie wählen können. Und es gilt: Gemüse darf schon vor dem offiziellen Beginn der Mahlzeit durch das Tischgebet gegessen werden. Das gibt mir Zeit, wenn das Essen noch nicht ganz fertig ist, und überbrückt die Ungeduld der Kinder. Außerdem führt es dazu, dass sie so tatsächlich mehr Gemüse essen. Wenn die Hauptmahlzeit schon auf dem Tisch gestanden hätte, wäre das nicht der Fall gewesen.

# Clever und schnell

**Gefrorenes Gemüse** lasse ich für das Mittagessen schon morgens im Topf auftauen, dann koche ich kurz vor dem Servieren Wasser im Wasserkocher auf und lasse es einfach nur 5-10 Minuten bei geschlossenem Deckel mit etwas Gemüsebrühe bei sehr geringer Hitze auf dem Herd ziehen. So schmeckt das Gemüse knackig frisch. Ich versuche, das Gemüsewasser irgendwie weiterzuverwerten, da man sonst viele Vitamine und Mineralstoffe in den Ausguss schüttet. Mit ein paar Buchstabennudeln wird daraus eine schöne Suppe für den Abend.

**Zwiebeln** sind bei Kindern ein sensibles Thema. Ich kann den Ausruf „Iih, Zwiebeln!" nachvollziehen, da ich als Kind genauso reagiert habe. Auch Lauch und so manches andere Gemüse war ein Problem. Die schönsten Frikadellen und Soßen wurden damals für mich so ruiniert. Doch Zwiebeln sind eine wichtige Würzzutat und unglaublich gesund. Deshalb verstecke ich Zwiebeln und Lauch, indem ich beides püriere. Wird die Masse auf Anhieb nicht fein genug, kommt noch ein Teelöffel Öl dazu, spätestens dann habe ich die breiige Konsistenz, die ich brauche.

**Würzen** ist eine schwierige Aufgabe, wenn es so viele unterschiedliche Geschmäcker in der Familie gibt. Ich versuche meistens Rücksicht auf das empfindlichste Kind zu nehmen und stelle lieber Salz und Pfeffer separat auf den Tisch. Denn Nachwürzen geht immer. Leider fiel mir das Würzen in hormonell schwierigen Zeiten wie in der Schwangerschaft und Stillzeit schwer. Deshalb greife ich noch heute auf Würzmischungen zurück. Achten Sie hier aber auf gute Qualität.

Qualitativ hochwertige **Öle** halte ich für sehr wichtig. Fett ist ja häufig negativ belegt, dabei sind gute Fette sehr wichtig für unseren Körper. Ich habe grundsätzlich ein gutes natives Olivenöl für Salatdressings, ein recht geschmacksneutrales Omega-3-Öl und ein spezielles Öl zum Braten und Frittieren, was sehr hoch erhitzt werden darf, da sich dafür nicht alle Öle eignen.

**Pfannkuchen** sind immer beliebt und auch noch günstig. Es lohnt sich, diesen Teig schon früh vorzubereiten, damit er quellen kann und sich dann besser braten lässt. Ich fülle den Teig in eine oder mehrere Karaffen, dann kann ich ihn dosiert in die Pfanne schütten und kleckere nicht so schlimm wie mit einer Kelle.

In unseren Pfannkuchenteig kommt kein Zucker, damit sie auch herzhaft schmecken. Die Reste werden bei uns in kleine Streifen geschnitten und am Abend in Gemüsebrühe als Suppe verwertet. Das nennt man Flädlesupp und war, bis ich meinen Mann kennenlernte, etwas Unbekanntes für meine norddeutsche Küche. Jetzt ist es als schwäbisches Erbe fester Bestandteil unseres Essensplans.

## Mein Grundrezept für neutrale Pfannkuchen:

Ein Teil Mehl (Dinkelmehl Type 630)
Ein Teil Wasser
Ein Teil Milch
4 Eier pro 500 g Mehl
Prise Salz

Bei meiner Familie heißt das 500 g Mehl, 500 ml Wasser und 500 ml Milch. Dazu eine Prise Salz und 4 Eier. Dieses Rezept lässt sich schnell nach oben oder unten anpassen und der Kopf muss sich nur bei der Eiermenge anstrengen.

# Um die Ecke zu denken hält fit!

## Einfach mal anders

Wir haben in unserem Kopf oft sehr fest verankerte Routinen und Arbeitsabläufe. Aber an manchen Stellen hilft es, auch mal um die Ecke zu denken. Die Tatsache, dass ein bestimmtes Küchengerät für einen bestimmten Zweck entwickelt wurde, heißt nicht, dass man es nicht auch für etwas anderes nutzen kann. Der Satz „So macht man das halt, weil das schon Generationen vorher gemacht haben" schränkt uns enorm ein. Ich liebe Zweckentfremdungen im Haushalt. So kann man eine Pizza auch mit der Schere schneiden, eine größere Menge Eier mithilfe eines gehäkelten Netzes (Foto) einfacher kochen und abschrecken. Man kann nasses Küchenpapier unter das Schneidebrett legen, damit es nicht wegrutscht, und sogar Fisch im Geschirrspüler dünsten ...
Im Internet findet man tolle Tipps rund um den Begriff „Kitchen Hacks".

Die entscheidenden Veränderer der Welt sind immer gegen den Strom geschwommen.

(Walter Jens)

Gute Ideen sind auch in der **Küche** erlaubt!

Fantasie haben heißt nicht sich etwas ausdenken - es heißt sich aus den Dingen etwas machen.

(Thomas Mann)

Nichts ist mächtiger als eine Idee zur richtigen Zeit.

(Victor Hugo)

# Sei mein Lehrling!

Googlen Sie mal Paragraf 1619 BGB.

# Kinder in der Küche

Tischdecken und Aufräumen sind nicht die Art von Hilfe, die sich Kinder vorstellen, wenn sie in der Küche die Frage stellen: „Mama, darf ich dir helfen?" Sie wollen gerne ans Eingemachte: Gemüse schneiden und in heißen Töpfen rühren. Und natürlich hinterher ja nicht sauber machen müssen.

Kinder bei der Küchenarbeit zu integrieren, ist nicht so einfach, da man es selbst immer schneller und besser kann. Viele Arbeitsabläufe im Haushalt sind gefährlich. Und wir haben Sorge, dass etwas kaputtgeht.

Doch egal, ob es nun ums Aufräumen, Wäschewaschen oder Kochen geht: Es ist vielleicht kurzfristig leichter, die Kinder nicht zu integrieren, aber langfristig wird Ihnen nicht nur Arbeit abgenommen, sondern Sie helfen Ihren Kindern, selbstständig zu werden.

Schauen Sie, wie früh Kinder Fernseher, iPad und Smartphone bedienen können – dann werden sie auch im Haushalt helfen können. Das „Wollen" mag eine andere Frage sein, aber Minidiven und kleine Paschas wollen wir ja auch nicht heranziehen. Häufig packen wir unsere Kinder zu sehr in Watte. Solange Sie Ihre Kinder nicht überfordern und sie gut anleiten, sollten Sie sie so früh wie möglich einbinden. Gerade wenn Sie mehrere Kinder haben, passiert es schnell, dass man dem ältesten zu viel aufbürdet. Stellen Sie sich doch einfach immer die Frage: Welches Kind ist das jüngste, dem ich diese Aufgabe jetzt übertragen kann?

Es hilft übrigens, Wahlmöglichkeiten zwischen zwei oder mehreren Aufgaben zu lassen. Dann fühlt sich das Kind weniger bevormundet.

# Das süße Leben

## Na, ihr Süßen!

Süßigkeiten, Kekse und Knabberkram sind immer ein schwieriger Diskussionspunkt. Während unsere erste Tochter im Alter von 2 Jahren noch nicht einmal wusste, was Schokolade ist, lutschte die zweite Schokolade aus der Verpackung heraus, als sie gerade stehen konnte. Bis zum dritten Kind hatten wir einen Süßigkeiten-Tag. Das war der Sonntag (welch positive Verknüpfung). Das hatte folgende positive Effekte:

- Sie brauchten unter der Woche gar nicht fragen.
- Sie bekamen nur einmal die Woche Bauchweh.
- Feiertage wie Ostern und Weihnachten wirkten wie das Schlaraffenland und andere Geschenke nahmen eine zweitrangige Position ein.

Je älter die Kinder werden, umso schwieriger wird es. Ich wurde irgendwann fast wahnsinnig, da die ersten Kinder schon kurz nach dem Mittagessen wieder fragten, ob sie etwas Süßes haben könnten. Irgendwann habe ich genervt das Handtuch geschmissen. Fragen einen 5 Kinder nur einmal pro Tag nach etwas Süßem, sind das fünfmal INTENSIVES Neinsagen. Die vier Älteren haben jetzt ein wöchentliches Süßigkeiten-Depot (Foto), über das sie frei verfügen können, ganz nach dem Motto: Wenn leer, dann leer, dann selbst schuld!

Aber auch bei der Selbsteinteilung helfen Regeln dabei, ein gesundes Maß zu finden.

- Nicht vor dem Mittagessen.
- Einmal täglich in Maßen.
- Nicht vor dem Fernseher. (Da wird nicht mehr bewusst wahrgenommen, wie viel man isst. Das geht uns Erwachsenen genauso.) Hier spricht natürlich nichts gegen einen gelegendlichen Familienfernsehabend mit ordentlich Chips und Co.

Ansonsten kann der Heißhunger auf Süßes immer durch frei zugängliches Obst gestillt werden.

Die WHO empfiehlt, höchsten 25 g freien Zucker zu sich zu nehmen. Das sind z.B. drei gefüllte Doppelkekse. Doch dieser Wert ist meistens schon mit einem Becher Fruchtjoghurt oder einem Glas Limonade ausgeschöpft.
Sobald der Wert von 25 g Zucker bei mäßiger Bewegung überschritten ist, können Sie eigentlich auch von Joghurts, Säften und Softdrinks als Süßigkeit reden.

Achten Sie auf versteckten Zucker. Lesen Sie die Labels auf Ihren Nahrungsmitteln. Die Inhaltsstoffe sind nach der Menge sortiert. Ist Zucker eine der ersten Zutaten, können Sie davon ausgehen, dass viel davon drin ist. Damit der Zucker in der Liste nach hinten rückt, werden viele Ersatzstoffe benutzt wie Glukose-Fruktose-Sirup, Invertzucker, Dextrose und Süßmolkepulver. Doch auch das ist Zucker.

Je früher Sie beginnen, den Gaumen Ihrer Kinder an wenig Zucker zu gewöhnen, umso leichter wird ihnen der Verzicht im Erwachsenenalter fallen.

Wir trinken zum Beispiel zu den Mahlzeiten und zwischendurch nur Leitungswasser. Der beste Durstlöscher. Saft gibt es nur sonntags und Softdrinks zu Feiertagen und Geburtstagen in Maßen.

# Let's go shopping!

Wenn Sie nun Ihren Wochenplan erstellt haben, brauchen Sie auch parallel eine Einkaufsliste. Der Vorteil einer gut durchdachten Liste liegt nicht nur in der Zeit- (und Geld-)Ersparnis, sondern sie macht es einfacher für andere Familienmitglieder oder Notfallhelfer, einem auch mal den Einkauf abzunehmen.

Legen Sie die Einkaufsliste so an, dass Sie vorn immer die benötigte Menge oder Stückzahl eintragen können und hinten ein Kästchen zum Abhaken haben. Sie können sich Ihre Liste als Dokument abspeichern und bei Bedarf ausdrucken. Oder Sie laminieren sie einfach. Dann können Sie einen abwischbaren Folienstift benutzen und jede Woche auf dieselbe Liste zurückgreifen.

Zunächst sollten Sie Ihren Grundstock festlegen. Das sind Zutaten, die man immer als Trockenvorrat im Haus hat für spontane Koch-Notstände und als Basiszutat. Diese Dinge schreibe ich bei Bedarf auf die Einkaufsliste unter „Sonstiges", damit ich nicht immer diese Liste zum Einkaufen mitnehmen muss. Einmal im Monat kontrolliere ich, ob auch alles da ist.

## Grundbedarf (Trockenvorrat)

Bei uns stehen folgende Sachen im Depot:
- 1 kg Zucker
- 1 kg Dinkelmehl
- 1 kg glutenfreies Mehl
- Speisestärke
- 2 Packungen glutenfreie Nudeln
- 1 Packung Reis
- 1 Packung Milchreis
- glutenfreie Suppennudeln
- 2 l H-Milch
- 1 l laktosefreie H-Milch
- 3 Sorten Öl
- Gemüsebrühe

Sobald ich dieses Depot „angreife", muss es auf der wöchentlichen Einkaufsliste notiert werden.

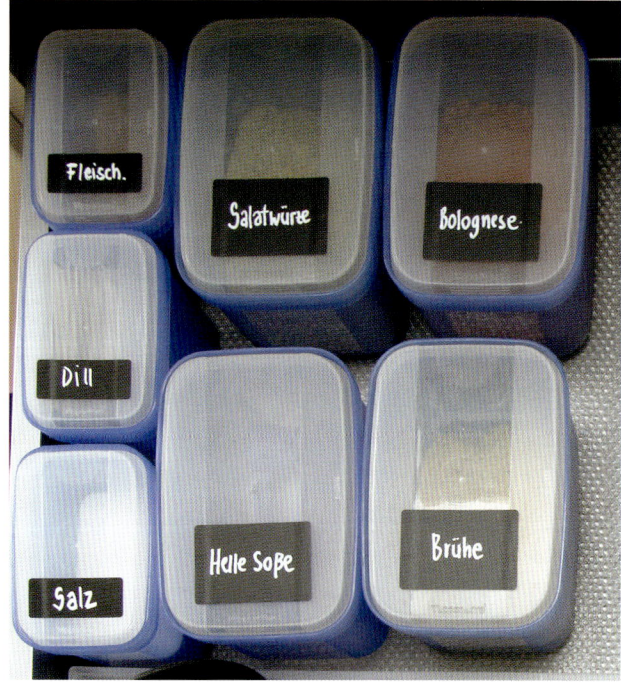

## Gewürzmischungen:

- eine Packung Salz ohne Jod
- Pfeffer
- Muskat
- Curry
- Cayennepfeffer
- Oregano
- Majoran
- Piment
- Nelken
- Thymian
- Salbei
- Fleischwürze
- Gemüsebrühe
- Pulver für helle Soße
- Pulver für Bolognese-Soße

## Soßen:

- Ketchup
- Senf
- Soja-Soße (weizenfrei)
- 1 Packung passierte Tomaten
- Zwiebeln
- Knoblauch
- Ingwer

## Süßer Aufstrich:

- 2 Sorten Marmelade
- 1 Honig
- 1 Schokoaufstrich

## Wochenbedarf

Dann gibt es die Dinge, die wir innerhalb einer Woche verbrauchen und die deswegen immer gekauft werden müssen. Bei uns ist das Folgendes:

- Brot
- Toast
- Aufbackbrötchen
- Müsli
- 2 kg Kartoffeln
- Butter
- Milch
- Jogurt
- 2 x Sahne und 2 x Quark für die Quarkspeise
- 20 Eier
- 2 x Apfelmus

Aufschnitt:
- Wurst
- Käse

Gemüse:
- Gefriergemüse
- 1 Eisbergsalat
- 1 Pkg. Feldsalat
- 6 rote Paprika
- 500 g Karotten
- 4 Gurken

Obst:
- Bananen
- Äpfel
- kernlose Trauben

Sonstiges

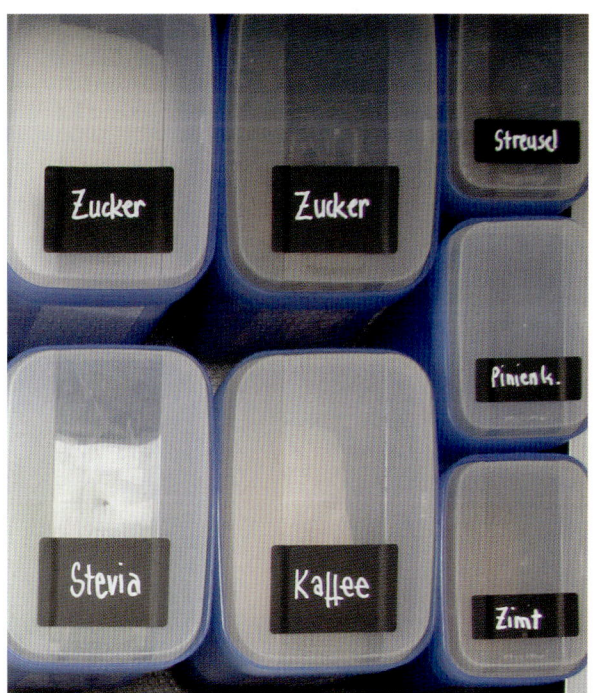

# Drogerie-Artikel

Die Wochenliste hat auch einen Drogerieteil:
- Toilettenpapier
- Taschentücher
- Kleenex
- Windeln
- Feuchttücher
- Wattestäbchen
- Baby-Milchnahrung
- Hygieneartikel
- Zahnpasta
- Zahnseide/Zwischenraumsticks
- Zahnspangentabletten
- Gel
- Shampoo
- Duschgel
- Rasierklingen
- Creme
- Bodylotion
- Kontaktlinsen-Lösung

# Zutaten vom Menüplan

Nun müssen nur noch die zusätzlichen Zutaten vom Menüplan ergänzt werden. Da sich die Menüplanung alle vier Wochen wiederholt, können Sie auch hier in schöner Regelmäßigkeit auf die gleichen Listen zurückgreifen. Diese Zutaten sortiere ich nach Menüs und nicht nach Artikelkategorie, da ich so auch mal flexibel einen Tag streichen kann.

Mein Einkaufstag ist der Montag. Die Kartoffeln für das Montagsessen kaufe ich immer in der Woche zuvor, damit ich sie schon vor dem Einkauf geschält habe.

Am einfachsten ist es, wenn Sie sich Ihre vier Wochenlisten mit den entsprechenden Menüzutaten ausdrucken und viermal die wöchentlich gleichbleibende Liste mit Drogerieteil. Dann können Sie die zwei Teile zusammenkleben und laminieren. So haben Sie immer nur eine Liste dabei, die Sie mit Folienstiften vor dem Einkauf aktualisieren können und im Geschäft abhaken.

**Tipp:** Mit etwas Knetkleber (Patafix kann man immer wieder verwenden) können Sie diese Liste auch auf dem Münzfach des Einkaufswagens befestigen, damit Sie die Hände frei haben.

Bei den vier Wochenlisten aus der Menüplanung ergänze ich Zutaten von den allgemeinen Listen (Wochenliste und Grundbedarfsliste) nur dann, wenn ich mehr brauche als die standardmäßigen Mengen für die Woche. Deswegen tauchen diese Dinge kaum oder gar nicht mehr auf.

Damit Sie sich das besser vorstellen können, habe ich Ihnen meine Einkaufsliste für Woche eins notiert. Die dazugehörige Menüplanung können Sie auf Seite 114 noch einmal nachschlagen.

# 1. Woche:

**Montag:**
- 1,5 kg Kartoffeln (für die nächste Woche)
- Eier
- gewürfelter Schinken

**Dienstag:**
- 750 g Hähnchenbrust
- 1 Becher Sahne
- Erbsen
- 1 Pkg. Reis (Hälfte für Woche 2, Dienstag)

**Mittwoch:**
- 2 Pkg. Nudeln
- Pesto grün
- Pesto rot
- Parmesan

**Donnerstag:**
- 2 kg Dinkelmehl

**Freitag:**
- 250 g gewürfelter Schinken
- 1 kg gemischtes Hackfleisch
- 1 Porreestange
- 1 Dose Mais
- 1 Tube Tomatenmark
- 2 Gläser Pilze in Scheiben
- 1 Becher Sahne
- 600 g Kräuterschmelzkäse
- frisches Baguette oder Aufbackbaguette

**Sonntag:**
- Lasagneplatten
- 2 Pkg. passierte Tomaten
(am Samstag kaufen:)
- 750 g gemischtes Hackfleisch
- Salat/Gemüse

# Der richtige Start in den Tag

Wenn man morgens die Küche betritt, gibt es bestimmte Dinge, die Ihr ganz persönlicher Startschuss für einen schlechten Tag im Haushalt sind. Für jeden ist es etwas anderes. Selten schafft man es, eine perfekte Küche zu hinterlassen oder alle Räume aufgeräumt zu haben. Doch es gibt ganz einfache Dinge, die für einen positiven Tagesbeginn sorgen oder uns in eine negative Schleife des Aufgebens trudeln lassen.

Klassische Beispiele sind die ungeputzte Spüle oder der dreckige Herd. Der ungewischte Tisch oder ein nicht weggeräumter Staubsauger. Schauen Sie genau hin, was Ihr persönlicher „Trigger" ist. Meistens handelt es sich um wirklich kleine Sachen. Lässt man bestimmte Dinge abends liegen, malen sie uns gleich morgens das Problem der nie enden wollenden Arbeit vor Augen. Bin ich zu faul, den Staubsauger wegzuräumen, da ich ihn ja nach dem Frühstück schon wieder brauche, wird mir der Sisyphus-Charakter meines täglichen Handwerks bewusst, und ich ergebe mich dem trostlosen Gedanken, dass es sich gar nicht lohnt, etwas zu säubern oder aufzuräumen, da es ja eh wieder dreckig wird. Begrüßt einen am Morgen solch ein Demotivator wie der dreckige Herd oder die schmutzige Spüle, dann hallt die Müdigkeit des anstrengenden Vortages nach und lässt den neuen Tag mit genau dieser Stimmung beginnen. Schauen Sie also, welche Ecke in der Küche oder im Haushalt Sie motiviert, den Kampf gegen den alltäglich wiederkehrenden Dreck und die Unordnung anzupacken. Ein weiteres Beispiel dafür ist auch das ungemachte Bett am Abend. Begrüßt einen dieses vor dem Schlafengehen, lässt es einen an der Arbeitsleistung des Tages zweifeln, ganz nach dem Motto: Was habe ich eigentlich den ganzen Tag gemacht! Also schauen Sie, wo Sie Ihre Akzente setzen können, um positiv in den Tag zu starten und ihn auch so wieder zu beschließen.

## Arbeitsabläufe

Es ist eine recht simple Sache, die aber einiger Selbstdisziplin bedarf: Eigentlich sollten Arbeitsabläufe immer folgendermaßen aussehen:

**Arbeiten**
**Säubern**
**Wegräumen**

Gerade in stressigen Zeiten neige auch ich dazu, nur den ersten Schritt zu tun und das Säubern und ganz bestimmt das Wegräumen aufzuschieben. Halten Sie sich aber nicht an diesen Dreiklang, dann werden stressige Zeiten noch stressiger. Sie erledigen zwar viel Arbeit, gleichzeitig kollidieren nicht abgeschlossene Arbeitsschritte miteinander und bauen zusätzlichen Druck auf. Schnell befindet man sich in der Mühle des hektischen Multitaskings.

Ich habe immer den nassen Lappen griffbereit und ein Trockentuch über der Schulter, wenn ich in der Küche aktiv bin.

Wie gesagt, so simpel die drei Schritte auch sind, ich vergesse sie auch oft, wenn ich durch die Haustür trete und Jacke, Tasche und Eingekauftes erst einmal im Flur stehen lasse.

Doch genau das ist es, was wir auch unseren Kindern immer beibringen sollten und ihnen selbst als gutes Beispiel vorleben können: Arbeiten, Säubern, Wegräumen.

Hängen Sie sich das Ganze als Schlachtruf doch irgendwo sichtbar hin.

# Zu guter Letzt ...

Neue Wege und Strategien im Haushalt scheitern häufig an der Angst vor einer Zeit- und Kraftverschwendung.

## Mut zu Fehlern!

Als ein detailliebender Mensch, der sich leicht im Perfektionismus verlieren kann, setzen mir Fehler und Misserfolge sehr zu. So ärgere ich mich nicht nur einfach darüber, sondern ich kaue auf ihnen herum und frage mich immer wieder, warum, wieso, weshalb habe ich das falsch gemacht oder ist das und das passiert.

Schon als Kind faszinierte mich der Gedanke der Zeitreise. Meine Gedanken verloren sich in der Fantasie, in die Zeit zurückreisen zu können, um einen Fehler zu korrigieren. Noch heute ist das mein erster Impuls.

Im Studium liebte ich den Kurzbefehl auf meiner Tastatur, mit dem ich Fehlgriffe rückgängig machen konnte. Dieser Kurzbefehl war mein ständiger Begleiter, wenn ich länger an grafischen Projekten saß. Ich hatte mich in manchen Phasen so daran gewöhnt, dass ich mich im Alltag dabei erwischte, nach diesen Tasten zu schauen, wenn etwas Blödes passiert war. Ich ärgerte mich oft über ganz alltägliche Patzer wie ein heruntergefallenes Glas, das einem wichtige Zeit im eh schon stressigen Alltag raubte. Oder böse Worte, die man einem Familienmitglied in der Hitze des Gefechtes an den Kopf geworfen hat.

Doch diesen Kurzbefehl gibt es im Alltag nicht.

Deshalb macht man häufig einen Bogen um riskante Dinge, da man Angst vor vergeudeter Zeit und Kraft hat.

Wenn wir in die Zukunft blicken und anfangen zu zweifeln und uns nicht trauen, manchmal verrückte, seltsame, ungewöhnliche Wege einzuschlagen, weil wir dabei Fehler machen könnten, gehen uns unglaubliche Erfahrungen und Lebenswege verloren. Ich möchte hier schmerzliche Erfahrung nicht kleinreden. Doch gerade als Christ durfte ich erfahren, dass Situationen, die mich im ersten Moment von Gott wegzuschieben drohten, mich auf lange Sicht zu ihm hingezogen haben. In der jeweiligen Situation konnte ich das natürlich noch nicht erkennen, es wird mir erst rückblickend klar. Aber es macht Mut, wenn man entdeckt, dass in Fehlern und schwierigen Lebenssituationen noch ein positiver Nutzen oder Zweck zu findet ist.

Wenn mein Mann zum Beispiel auf meine oft unkonventionellen, kreativen, etwas verrückten Lösungen schaut für Dinge, bei denen er noch nicht mal ein Problem gesehen hat, fragt er: „Funktioniert das überhaupt und wie lange wirst du das wieder ausprobieren?"
Stundenlange mühsame Arbeit, verrückteste Pläne und Organisationsmethoden, Stauraumlösungen, Rezepte und Einkaufsplanungs-Ideen sind wieder in die Schublade gewandert und werden es auch in der Zukunft tun.
Was Sie in diesem Buch sehen, ist nicht über Nacht entstanden. Es ist das Ergebnis von so manchem Fehlversuch.

Es lohnt sich immer, etwas Neues auszuprobieren und auch ruhig wieder zu verwerfen, wenn es nicht zu Ihrer Familie passt, solange es Sie dazu anregt, Eigeninitiative zu ergreifen und ein Umdenken zu lernen:

Problemecken und Unzufriedenheiten zu entdecken und zu analysieren, mag manchmal schmerzhaft sein, doch die Erkenntnis ist der erste Schritt auf dem Weg zu Ihrer persönlichen Lösung.

*Ich kann Dinge ändern,
wenn ich es wirklich will!*

Selbstreflexion kann Ihnen auch zeigen, was gut läuft, wofür Sie dankbar sein können.

Ihre ultimative Haushaltslösung entsteht durch hartnäckige Lernprozesse und ist wie ein Garten nie ganz fertig. Fehler machen und daraus lernen ist ein sehr wichtiger Schritt. Doch am wichtigsten ist es, sich über Teilerfolge zu freuen. Freuen Sie sich über alles, was Ihnen an Ihrem Haushalt gefällt und was Ihnen geglückt ist!

Einfach anfangen und nicht nur in der Theorie träumen ist die Hürde, bei der ich Ihnen nicht helfen kann. Wagen Sie diesen ersten Schritt.

*Ich wünsche Ihnen Mut,
Gelassenheit und viel Spaß!*

# Shoppingguide & Buchtipps

## Buchtipps:

**Tracy Hogg**
- Babyflüsterer

**Gary Chapman**
- Die fünf Sprachen der Liebe
- Die fünf Sprachen der Liebe für Kinder

**Brigitte Schorr**
- Hochsensible Mütter
- Hochsensible in der Partnerschaft

**Tiki Küstenmacher**
- simplify your life
- Limbi

**Henry Cloud, John Townsend**
- Nein sagen ohne Schuldgefühle

**Beate M. Weingardt**
- Das gönn' ich dir (nicht)!
- Das verzeih' ich dir (nie)!
- Wer immer nur gibt …
- Du bist gut genug!
- Freundschaft macht glücklich!

**Doris Wolf**
- Gefühle verstehen, Probleme bewältigen
- Ab heute kränkt mich niemand mehr

## Einkaufstipps:
### (Begriffe zum Googlen)

**Putzmittel**
Ha-Ra
Jemako
proWIN

**Putzhelfer**
Dampfreiniger H2O
Fenstersauger

**Küchenhelfer**
Halterung für Küchenrolle: Schrankeinsatz
Schneidehilfe
Gemüseauffangstraße WENKO
Lätzchen von LaLatz
Reiskocher
Wäscheständer Iso Trade

## Zusatzmaterial zum Buch:
www.scm-verlag.de/familien-haushaltsbuch

## Danke schön:

Konstantin Mey für die Musik zum Aufräumsong
Sebastian Frank von nightfly-recording studio
Nicole Heemsoth für die Portraitfotos
St. Matthäus-Gemeinde Brunsbrock und
St. Petri-Gemeinde Hannover für so ein schönes Zuhause

Ein herzlichen Dankeschön an alle, die mir geholfen haben, dieses Buch zu schreiben.
Ein besonderer Dank gebührt meinem Mann, meinen Kindern, meinen Eltern und meinem himmlischen Vater.

Andrea Otto

## Das ultimative Familienwohnbuch

Schöner wohnen, alltagstauglich leben

Wenn die Familie wächst, ist Schluss mit schöner Wohnen? Von wegen! Andrea Otto zeigt, wie sich mit etwas Kreativität ein schön eingerichtetes und alltagstaugliches Zuhause gestalten lässt. Wer den eigenen Wohnstil findet und ein funktionierendes Ordnungssystem entwickelt, verschafft sich mehr Zeit für wirklich wichtige Dinge. Lassen Sie sich von der Autorin auf eine Bilderreise durch ihr Zuhause einladen und profitieren Sie von der Erfahrung der Wohnberaterin und fünffachen Mutter.

**Gebunden, 20,7 x 26,5 cm, 142 S.**
**ISBN 978-3-7893-9793-6**